规范发展成为社会共识，效率驱动的时代，共享经

共享经济

迈向理性和规范

○ 于凤霞　等著

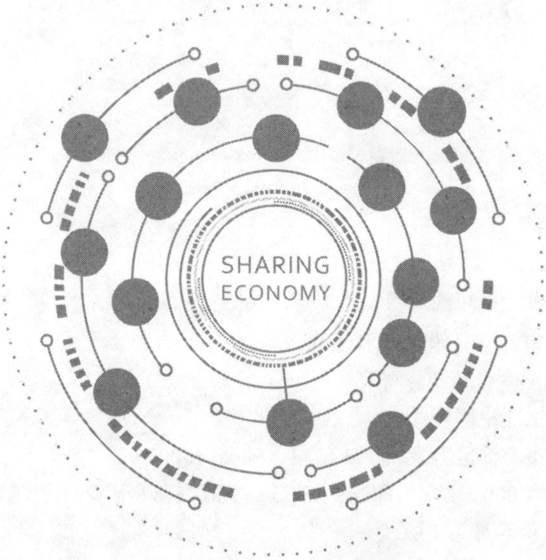

電子工業出版社
Publishing House of Electronics Industry
北京 · BEIJING

图书在版编目（CIP）数据

共享经济：迈向理性和规范 / 于凤霞等著. —北京：电子工业出版社，2019.6
ISBN 978-7-121-36429-7

Ⅰ. ①共… Ⅱ. ①于… Ⅲ. ①商业模式－研究－中国 Ⅳ. ①F72

中国版本图书馆 CIP 数据核字（2019）第 083135 号

策划编辑：董亚峰
责任编辑：刘小琳　　特约编辑：宋　扬　张丹丹
印　　刷：三河市鑫金马印装有限公司
装　　订：三河市鑫金马印装有限公司
出版发行：电子工业出版社
北京市海淀区万寿路 173 信箱　邮编 100036
开　　本：720×1 000　1/16　印张：12.75　字数：182 千字
版　　次：2019 年 6 月第 1 版
印　　次：2019 年 6 月第 1 次印刷
定　　价：56.00 元

凡所购买电子工业出版社图书有缺损问题，请向购买书店调换。若书店售缺，请与本社发行部联系，联系及邮购电话：（010）88254888，88258888。
质量投诉请发邮件至 zlts@phei.com.cn，盗版侵权举报请发邮件至 dbqq@phei.com.cn。
本书咨询联系方式：liuxl@phei.com.cn，（010）88254538。

序言

共享经济，尚需“闯三关”

对共享经济的认知，大体需要三个阶段。第一阶段是“横看成岭侧成峰，远近高低各不同”，第二阶段是“欲穷千里目，更上一层楼”，第三阶段是“不畏浮云遮望眼，只缘身在最高层”。

在不同的时期，不同的人看到的东西不一样，认知上也就会处在不同的阶段。目前多数人处在第一阶段，所以对共享经济有太多的疑问和争议。少数人处在第二阶段，各种探索层出不穷。只有极少数人到达第三阶段，也就有了成功者的脱颖而出。

认知决定行动，有什么样的认知就会有什么样的行动。积极推进者有之，犹豫观望者有之，排斥阻挠者有之，动作错乱者也有之。这些情况表现在政府部门，表现在行业企业，也表现在消费者。

行动决定结果，不同的行为会产生截然不同的效果。我们已经看到一些领域的共享经济在快速发展，一些地区的创新明显增多，一些企业顺利走上了转型之路，更多的个人通过共享经济改变了生活。

尽管共享经济最终会使所有企业和个人受益，但在相当长一段时间内带来的可能是差异。那些对共享经济寄予更大期望、给予更大包容和支持的地区，转型发展的道路会顺畅许多，也会拥有更多的竞争优势。

共享经济的本质是资源配置方式的改变，也是整个社会创新的源泉。利用互联网整合社会资源，实现供需间的智能化匹配，这是人类有史以来最有效的资源利用方式。也正是因为如此，共享经济得以成为大趋势，所有能共享的终将被共享。

共享经济改变了人们对资源的定义和利用方式。只要有需求，所有的东西都可以变成有效资源，借助网络实现共享并获取收益，物质、资金、知识、数据、时间、空间、能力、情感等皆有可能。

共享经济还是一种新的发展理念和思维方式，所有可以称得上是资源的东西都可以考虑用共享的方法去获得或使之发挥更大的效用。从这个意义上说，所有的生意都值得重做一遍，所有的痛点都将是机遇。

中国共享经济取得了世人瞩目的成就，在全球范围内的引领作用还会进一步加强。我们已经看到共享出行、共享住宿、共享办公、共享物流、共享餐饮等带来的变化和影响，但制造业、农业、教育、医疗、养老等领域的共享还没有真正开始。

种种迹象表明，共享经济发展正处在转型期。人们对于共享经济的认识需要提升，监管创新需要强调良法善治，平台企业需要强化自我完善。

共享经济，尚需“闯三关”。

是为序。

张新红

2019 年 4 月 22 日

前言

共享经济：迈向理性和规范

如果从爱彼迎中国、优步等共享经济企业相继成立算起，共享经济已经走过十个年头。这十年，不管是在全球还是在中国，共享经济都赚足了眼球：从一个鲜为人知的概念，到资本的趋之若鹜，再到问题频出和争议不断，乃至各国不太相同的政策取向和监管措施，无一不成为政府、公众、媒体、研究者以及从业者关注的焦点。

从过去十年的发展历程看，中国共享经济的表现无疑可圈可点。国家信息中心的研究报告显示，共享经济市场交易规模的增速连续三年超过 40%，新业态、新模式犹如一个个火种，以燎原之势快速地渗透到人们生活的方方面面，渗透至经济社会的各个领域，在短短的十年时间里就形成了一场全民参与的发展浪潮，这种情况在经济发展史上并不多见。值得一提的是，与过去几十年我们在诸多领域始终处于跟跑、追赶的状态完全不同，在共享经济这个领域，我们在世界经济舞台上有了同台竞技甚至成为主角的机会。国家发展和改革委员会组织编写的《中国共享经济发展报告》给出了这样的判断：“我国已成为全球共享经济创新发展的主阵地和示范区。”从某种意义上说，全球经济版图也正因此重新定位一个崭新的中国。

然而，在 2019 年年初这个节点上谈论共享经济，或许更多人想到的是街头巷尾无序破烂的单车，是乘坐顺风车遭遇的安全事件，是一个个“爆雷”的网贷平台，甚至是资本的狂热与贪婪。尽管这些并不是共享经济的全部，恰如顺风车不是网约车的全部；但这一年，这些俨然已经成为部分人眼中共享经济的缩影，甚至是代名词。

一系列问题尤其是恶性事件的发生，引发了舆论的广泛关注和公众的强烈不满，共享经济监管成为社会各界高度关注的公共政策议题。监管成为重中之重，监管之严、范围之广前所未有，行政、法律、技术等监管手段多管齐下，规范发展成为社会共识。针对各领域集中暴露出的问题，相关部门大刀阔斧、雷厉风行地开展了一系列专项整治行动，进一步完善政策法规，加力政策落地与执行。“强监管”无疑是可以用来描述共享经济这一年的关键词，2018 年也必将成为共享经济发展和监管历程中具有标志性意义的一年。

也是在这一年，共享经济是“伪命题”、是“昙花一现”，以及“寒冬论”“死亡论”等负面的新闻、评论和言论大量出现，不仅直接影响了公众与市场对共享经济发展的信心和信任，也对监管部门造成了一定的困扰。这些争议和质疑是新业态成长过程中绕不开的“烦恼”。客观上说，优胜劣汰是市场竞争的基本法则，上述言论存在一叶障目、以偏概全的非理性现象：将某一领域面临的困境等同于共享经济的整体状况，将某个具体模式的失败看成整个共享模式的失败，将发展中遇到的阶段性问题看成长期性问题。

从发展前景看，共享经济是一种技术、制度和组织的组合创新方式，能够大幅降低交易过程中供需双方的相互寻找、讨价还价、安全保障等成本，提升资源配置效率。无论是从培育经济增长新动能、推进产业转型升级，还是从满足消费者巨大的潜在需求来看，共享经济的作用远未充分释放，共享经济向各领域加速渗透融合的大趋势不会改变。

正如2019年3月15日国务院总理李克强在回答澎湃新闻记者提问时所说，共享经济“作为新事物，和任何新事物一样，在发展中总会有利有弊”、“互联网经济、共享经济、平台经济还有很大的发展空间”。

面向未来看，互联网与经济社会将走向深度融合，“互联网+”将全面融入我国经济结构优化升级、社会事业发展和机制体制创新之中，“互联网+”将全面提升人民生活品质、增进人民福祉。在从高速增长到高质量发展、经济急需培育和壮大新动能的大背景下，“互联网+”将成为促进新旧动能接续转换的重要驱动力。正如报告中提出的：加快在各行业各领域推进“互联网+”，运用新技术新模式改造传统产业；打造工业互联网平台，为制造业转型升级赋能；坚持包容审慎监管，支持新业态、新模式发展，促进平台经济、共享经济健康成长。这些都是共享经济未来发展的重大政策红利。

大趋势不会变，但外部监管环境和市场竞争的重点已然出现了明显变化。

一是监管与合规将是未来几年的关键词。

2018年5月，国家发展和改革委员会会同有关部门发布《关于做好引导和规范共享经济健康良性发展有关工作的通知》，提出了构建综合治理机制、推进实施分类治理、压实企业主体责任、规范市场准入限制、加强技术手段建设、推动完善信用体系、合理利用公共资源、保障个人信息安全、规范市场竞争秩序、加强正面宣传引导、完善应急处置保障11个方面的要求。

2019 年政府工作报告中提出，要“坚持包容审慎监管，支持新业态、新模式发展，促进平台经济、共享经济健康成长”。这是共享经济连续第 5 年出现在政府工作报告中。比较历年政府工作报告中的表述不难发现，今年的报告中，一方面延续了过去的“支持新业态、新模式发展”的提法，同时又着重突出了“包容审慎监管”和“健康成长”。 3 月 15 日李克强总理在答记者问时再次强调，对于新业态、新模式，要“划出安全的底线，也不允许打着‘互联网+’、共享经济的招牌搞招摇撞骗。”

“底线思维”是我国在培育壮大经济发展新动能、促进以共享经济为代表的新业态发展时必须坚持的监管原则。坚持底线原则，意味着大限度地扩大市场准入，鼓励竞争，解放和发展生产力；还要对那些可能侵犯用户合法权益、引发系统性风险、影响网络空间信息安全等创新模式，有针对性地加强监管。底线思维为创新探索提供空间，留有余地，底线之上则应鼓励大胆探索与创新。

因此，从宏观政策层面看，我国对共享经济新业态、新模式的支持态度没有改变，共享经济将继续在推动新旧动能转换、培育经济新增长点方面发挥作用；与此同时，个别新业态发展中存在的问题也将得到更多关注，避免“因小失大”，影响共享经济整体的健康成长。《电子商务法》于 2019 年 1 月 1 日正式实施，可以预见，2018 年出现的强监管态势不会放松。在共享经济主要领域，围绕服务者的资质和许可、服务规范、安全和应急保障等，合规化管理将持续加强。

二是市场竞争重点将从规模驱动走向效率驱动。

过去几年，共享经济领域多数企业走的是“规模化之路”，追求的是量的扩张，既体现在用户量，也体现在用于共享的物品或服务的种类与数量，似乎只有以最快的速度成为市场上规模最大的那一家，享受成为行业领头羊所带来的头部效应，才有可能成为赢家。当对规模和发展速度的追求一度胜过对主营业务本身的效率追求，成为考量一切的核心指标时，企业运营风险、社会责任、道德风险等也都退居到了次要地位，出现问题是必然的、迟早的事情。

貌似“变凉”的共享经济，真正在面对的是回归理性的阵痛，“规模打天下”的时代已经过去，回归最本真的商业逻辑，为市场和用户创造更多的价值才是真正的王道。

盲目“烧钱”抢流量的路子越来越行不通了。在经济下行压力加大，负债减缩的去杠杆、防风险的形势下，从政府到市场投资机构，都将会更加注重效率、收益和风险控制。规模驱动的时代过去了，效率驱动和以质量求发展的时代已经到来了。

基于对过去几年我国共享经济发展的观察和思考，以及对新形势下我国共享经济主要领域发展态势和趋势的分析，形成了《共享经济：迈向理性和规范》这本书。因个人水平有限，加之经济社会不同领域共享经济的发展态势差异巨大，新技术、新模式和新业态领域创新步伐加快，书中难免有诸多值得商榷之处，希望已有的浅见能够引发业界同人更多的讨论和思考。

于凤霞

2019年3月28日

目 录
Contents

上篇　共享经济：走过 2018

下篇　共享经济：九大领域“面面观”

上　篇

共享经济：走过 2018

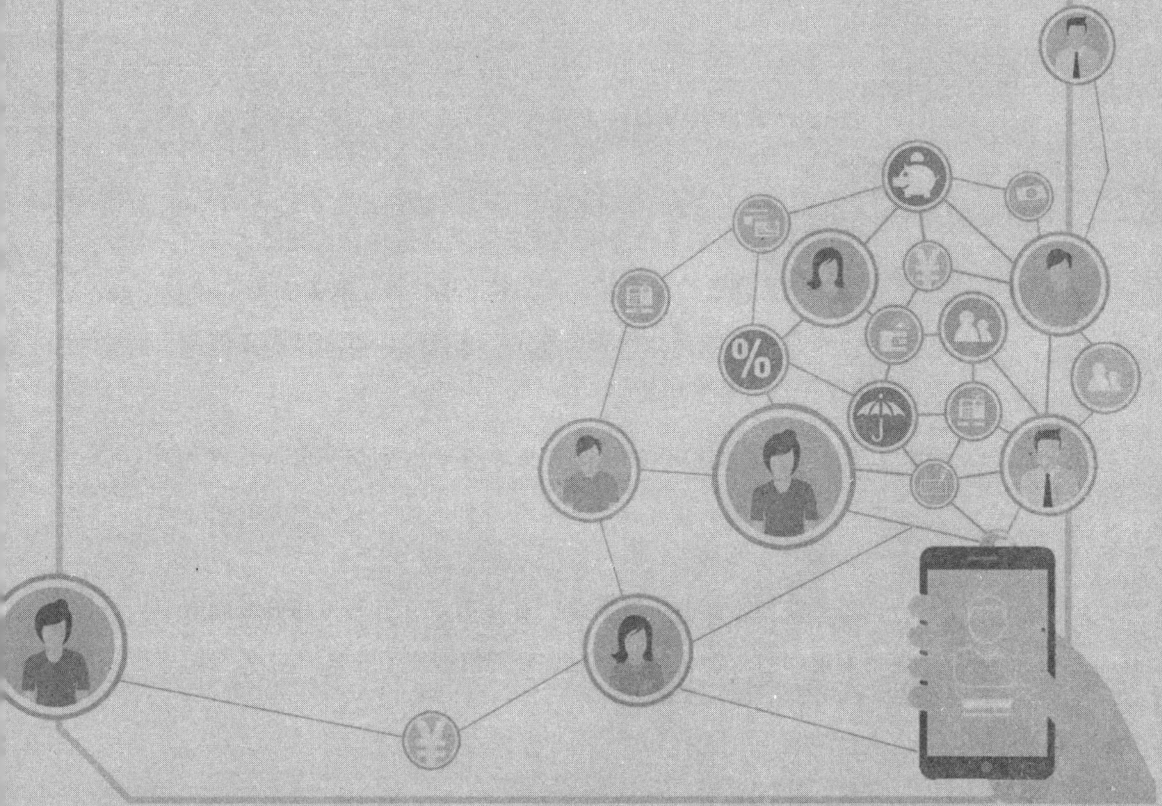

CHAPTER 01 喜忧参半

2018年我国共享经济发展可谓风雨兼程，总体态势有喜有忧。

“喜”的是，共享经济市场交易规模依旧保持高速扩大，不仅成为经济增长的重要新动能，有力地推动了服务业转型，也成为新型、弹性就业的重要源泉，在经济、社会发展中的“生力军”作用越发明显。

“忧”的是，部分领域问题集中爆发，公众和舆论热议不断，甚至引发了社会关于共享经济如潮的争议和质疑。共享经济是“伪命题”，是“昙花一现”，以及“寒冬论”“死亡论”等新闻、评论大量出现，直接影响公众与市场对共享经济发展的信心和信任，也对监管部门造成了一定的困扰。

在共享经济快速崛起的过程中，资本的力量不容忽视。从市场的角度看，资本是规模的助推器；从社会的角度看，规模疯狂扩张带来的社会管理成本甚至“负效应”的出现，作为背后推手的资本应当承担怎样的责任？相关监管部门和公众又该承担怎样的责任？我们的社会需要建立什么样的监管约束机制和各方之间的权责分配机制？这些是一系列热点问题背后急须认真研究和考量的深层次问题。

喜也好，忧也罢，共享经济向经济、社会各个领域的快速渗透是大势所趋。趋势没变，但市场竞争的重点已经出现了显著变化。貌似“变凉”的共享经济，正在经历回归理性的阵痛，“规模打天下”的时代已经过去，回归最本真的商业逻辑、为市场和用户创造更多的价值才是真正的王道。规模驱动的时代过去了，效率驱动和以质量求发展的时代到来了。

一、市场扩张蹄疾步稳

当前，全球经济复苏稳中有变，主要经济体分化加剧，贸易摩擦的影响未来还存在不确定性。虽然 2018 年世界经济总体实现稳定增长，但全球经济增长动力不足的迹象仍值得警惕。在这样的背景下，世界各国都试图通过科技革命、产业变革创造新的机遇，激发新的增长动能。共享经济，因为具备现代技术基因、供需匹配能力和资源利用效率最大化等多重优势，成为新业态、新模式创新的前沿领域。

国家信息中心研究报告显示，2018 年我国共享经济交易规模为

29420 亿元[①]，同比增长 41.6%，依然保持高速增长态势，如表 1-1 所示。

表 1-1　2017—2018 年我国共享经济增长情况　　（单位：亿元）

领　域	2017 年	2018 年	增长率（%）
交通出行	2010	2478	23.3
共享住宿	120	165	37.5
知识技能	1382	2353	70.3
生活服务	12924	15894	23.0
共享医疗	56	88	57.1
共享办公	110	206	87.3
生产能力	4170	8236	97.5
总计	20772	29420	41.6

从市场结构上看（见表 1-1、图 1-1），2018 年生活服务、生产能力和交通出行 3 个领域共享经济市场交易规模位居前三，分别为 15894 亿元、8236 亿元和 2478 亿元。值得注意的是，生活服务领域市场交易额占比从 2017 年的 62.2%下降到 54.0%；生产能力市场交易额占比从 2017 年的 20.1%上升到 28.0%，提高了近 8 个百分点。

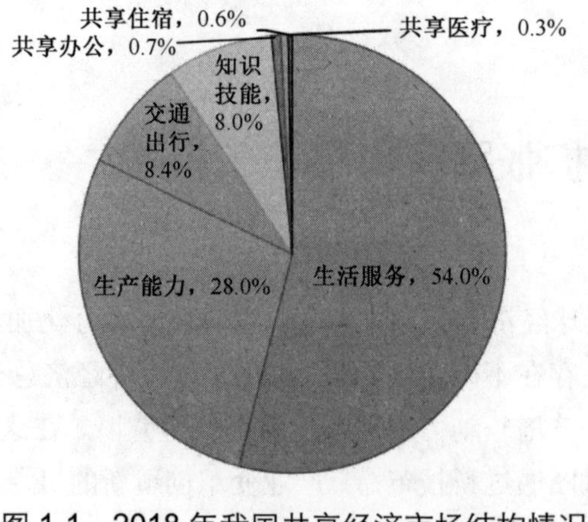

图 1-1　2018 年我国共享经济市场结构情况

① 参照电子商务统计的做法，以及考虑到金融交易的特殊性，这里的共享经济相关数据测算中，不包括 P2P 网贷、众筹等与金融共享相关的活动。

从发展速度上看（见图 1-2），2018 年各领域共享经济增长出现新的变化。生产能力、共享办公和知识技能 3 个领域的市场交易额较 2017 年增长率分别高达 97.5%、87.3%和 70.3%，显著高于共享住宿、交通出行和生活服务领域的增长率。

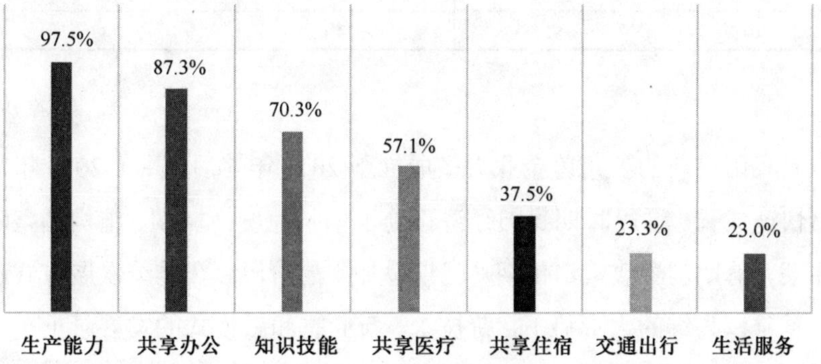

图 1-2　2018 年我国共享经济各领域市场交易额增长率

2018 年我国共享经济市场结构变化的显著特点是：生产能力共享出现加速发展态势，其市场规模在共享经济总体中的比重较 2017 年提高了 8 个百分点，市场交易规模增长率是生活服务和交通出行领域的 4 倍多。生活服务和交通出行领域共享经济发展速度明显放缓，交通出行领域增长率从 2017 年的 57.1%大幅下降到 23.3%。

共享经济的快速发展也孕育了一批独角兽企业，如表 1-2 所示。根据 CB Insights 公布的数据，截至 2018 年年底，全球独角兽企业共有 305 家，其中我国企业为 83 家，占全球独角兽企业总数的 27.2%；具有典型共享经济属性的我国企业为 34 家，占我国独角兽企业总数的 41%。2018 年，我国又有 11 家具有典型共享经济属性的企业首次进入该榜单，分别是新氧科技、艾佳生活、闪送、医联、爱回收、哈啰出行、满帮集团、曹操专车、美菜、丁香园和一起作业。

表 1-2 2015—2018 年全球和我国独角兽企业情况

年　份	全球独角兽企业数量（家）	我国独角兽企业数量（家）	我国共享经济独角兽企业数（家）
2018	305	83	34
2017	224	60	31
2016	186	42	15
2015	151	24	18

我国目前的独角兽企业大多成立于 2011 年前后，并在 2014 年前后快速成长。这段时期我国经济正处于增长速度换档期、结构调整阵痛期、前期刺激政策消化期“三期叠加”的阶段。在传统发展方式越来越难以为继的大形势下，新技术、新业态和新模式的发展赶上了难得的历史机遇。这些独角兽企业通常在垂直细分领域比较突出，多数企业基于已有基础技术在服务和应用模式方面进行创新，同时也有偏重技术创新的独角兽企业在崛起。

独角兽企业近年来引起了各界广泛关注。从市场的角度看，在投资机构眼中，独角兽企业有可能带来高额回报。对投资者来说，这些企业的增长速度和潜力是最吸引他们的地方。从地方政府的角度看，独角兽企业有可能成为全新的城市名片，有望带动地方经济的增长。从行业发展来看，独角兽企业可能会重塑或新建一个行业。

但应该看到，以估值作为独角兽企业的判断指标显得过于单一。一方面，根据“独角兽”这一概念的提出者、美国投资人 Aileen Lee 的定义，独角兽企业是估值超过 10 亿美元的企业，超过 100 亿美元的企业被称为超级独角兽企业。关于这一标准，提出者显然是根据美国私募市场提出的，是否可以成为我国对于独角兽企业的判断标准还需要市场的进一步检验。另一方面，就这几年的市场情况来看，估值是一个较为综合性的指标，其背后综合反映了企业的发展前景、市场地位和盈利水平等许多因素，甚至还掺杂了其他非理性因素，企业的估值可能变化很快，因此对于独角兽企业不可以盲目追捧。尤其是在共享经济领域，多数初创企业通常以大量资本投入为支撑，资本投入既用于培养用户习惯，也用于探索市场可能接受的创新模式。在资本支撑和强补贴的前提下，用户可能会迅速增加，但在估值达到 10 亿美元的中型体量之后，用户增长逐渐放缓能否建立起可持续的盈利模式和盈利能力大小就是关键问题了。

二、新型就业的源泉

2018 年政府工作报告中提出，“运用‘互联网+’发展新就业形态。”2018 年 7 月 4 日召开的国务院常务会议指出，“稳就业”是经济发展的重中之重，也是最大的民生。李克强总理在会上指出，“中国最大的就业潜力蕴藏在不断涌现的新业态之中。特别是在服务业领域，就业的空间仍然很大。”他说，“我们一方面要大力发展先进制造业，但同时也要进一步拓展更多新业态和服务业就业岗位，使市场主体数量更多、活力更强。”2019 年政府工作报告中又提出，“加强对灵活就业、新就业形态的支持。”新就业形态得到了明确、充分的肯定。

从实践层面看，共享经济的发展不仅成为经济增长的重要新动能，也成为就业增长，尤其是新型、弹性就业的一个重要源泉，并成为反映就业形势和经济走势的一个风向标。鼓励共享经济发展，并合理、妥善地解决与新业态伴生的新型劳动关系，将会激发新业态更大的就业潜力。

国家信息中心发布的研究报告显示，2018 年我国共享经济参与者约 7.6 亿人，其中服务提供者约 7500 万人。在这个庞大的服务提供者群体中，绝大多数服务提供者都是兼职人员。但随着市场的发展，部分领域的服务提供者出现了专职化趋势，一批基于共享平台的专职司机、房东、骑手和主播等开始大量涌现。同时，共享经济平台也成为“双创”活动的重要平台，为一批有梦青年的创业式就业提供了大量机会。

共享经济平台就业规模也在扩大。随着共享经济从出行、住宿等生活服务领域向工业制造、农业等生产领域持续扩展，新平台不断涌现，共享经济平台企业的员工数从 2017 年的 556 万人增长到 2018 年的 598 万人，同比增长约 7.5%，如图 1-3 所示。

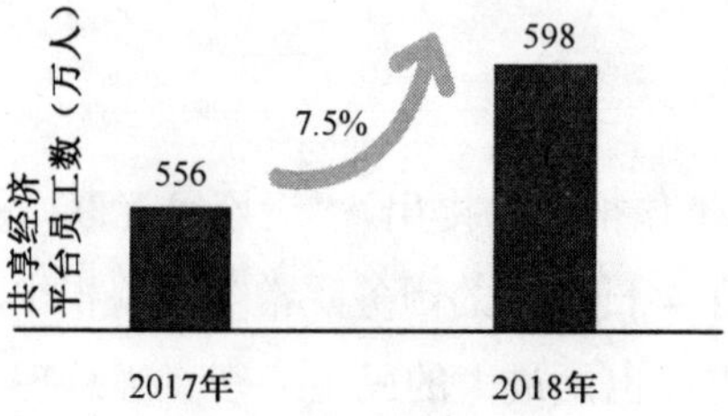

图 1-3　2017—2018 年我国共享经济平台员工数

共享经济的发展促使人们的工作和就业正在经历着工业革命以来前所未有的转型。碎片式的灵活就业将变得像全职一样常见，许多人得以从朝九晚五的时间限制和格子间的空间限制中解放出来。越来越多的人不再将自己束缚于某个公司或机构，而更愿意“为自己工作”。

《经济学人》杂志曾形象地形容，未来劳动者的供应像“水龙头的流水”一样方便、可操控，拥有弹性工作时间的个人将获得灵活的就业机会。过去必须依靠企业等组织才能完成的商业活动，现在个体通过网络平台完全可能独立完成。在传统雇用模式下，个体的作用与价值体现需要得到组织的认可；共享经济的发展使得参与者能够比较自由地进入或退出社会生产过程，减轻了个人对组织的依赖程度，共享经济平台将成为灵活就业、个人创业和社会交往的空间。

共享经济的发展意味着任何一个具有一技之长的个体都可能借助共享经济平台直接为用户、社会提供服务，个体的创造力和价值得到更充分的重视和放大。一个服装设计师可以通过互联网平台接洽消费订单，直接按照客户的要求设计服装，联系厂家生产，直接配送客户；一个大厨可以通过共享经济平台为顾客提供到家做饭的个性化服务，不仅可以根据客人的口味私人订制，让食客以更低的成本享受私密的就餐空间，也可以直接与客人交流，享受烹调的乐趣。同样，摄影师、美甲师、美容师、画家、健身教练，甚至教师、律师、医生也可以自立门户，借助移动互联网直接为用户提供服务。技能共享平台一品威客网主要提供设计、开发、文案和营销等创意类服务，平台上已有注册会员 1600 万人，日上线任务约 8000 件，日在线交易额约 1000 万元，每天成功完成交易订单超过 1000 单。

共享经济不仅成为人们自主择业的重要选择，也为社会特定群体提供了就业渠道。在滴滴出行平台的网约车司机中，6.7%的司机是建档立卡的贫困人员，12.0%的司机是退役军人，超过 21%的司机是家里唯一的就业人员。这种新就业形态为全国百万户家庭带去了较为稳定的收入来源。在滴滴出行平台的专职女性网约车司机中，10.6%的司机因为遇到变故放弃原有工作，10.2%的司机是家庭主妇，15%的司机在从事网约车之前长达两年处于不工作状态。2018 年有 270 万名骑手在美团外卖平台获得收入，其中 77%来自农村，有 67 万名骑手来自贫困县；35%的骑手还有其他收入来源。根据骑手每天工作时长分布，每天工作 4 小时以下的骑手占比高达 52%，工作 4～8 小时的骑手占比为 39%。由于时间的灵活性，美团外卖平台吸引了大量人员就业，调查显示，上班时间灵活、收入有保障、时间自由是大多数骑手选择这个职业的最重要的原因。

共享经济的发展进一步激发了各类群体创新创业的活力，促进了“创业式就业”。近几年由于资本市场的支持，各类群体参与创新创业的活力进一步被激发出来，共享经济领域出现了“创业式就业”热潮。一方面，在共享经济模式下，用来满足客户需求的大量资源并不需要创业者投入巨额资金购买，这与一些传统行业完全不同。甚至在制造业领域，共享经济的发展使得制造业创业门槛也在明显降低。沈阳机床企业内部员工提出“安全创业”模式，由公司对接市场及提供场地、原材料和设备维护服务，创业团队可以实现“拎包入驻”。另一方面，资本市场对于共享经济的前景非常看好，并大力支持共享经济发展。只要创业者具有好的创意，对用户和用户需求有很好的了解，很容易就能赢得资本市场的青睐。资本市场会帮助创业者通过网络来整合资源，通过不断满足用户需求来快速扩张市场和积累客户群，从而形成有效的商业模式。同时，共享经济平台成为天然的创业孵化空间，正在推动“创业式就业”的到来。例如，猪八戒网帮助大量个人设计师成长为工作室、小型公司乃至中型公司，成为天然的创新创客平台和文化创意产业孵化基地。2014 年 6 月猪八戒网虚拟产业园正式开园，为入驻企业提供工商、税务和银行等一站式注册服务及相关扶持，截至 2015 年，直接在猪八戒网虚拟产业园注册的公司超过 300 家，形成了有名的“威客村”，猪八戒网虚拟产业园已成功孵化入驻企业 1500 余家。

可以说，共享经济发展正在重塑我国的劳动力市场，基于共享平台的服务业显著提升了就业弹性系数，一些常规性工作将转移到“云”上，有些职业会悄悄改变，有些职业会悄悄消失。根据麦肯锡对 4800 家中小企业的调研显示，随着中小企业互联网技术的普及，每失去 1 个岗位，就会创造出 2.6 个新的工作机会。共享经济创造就业岗位的能力将远超过传统产业部门。

伴随着共享经济的快速发展，如何加强对新就业形态从业者的社会保障成为近几年公共政策讨论的焦点之一。

调研发现，目前共享经济企业与通过平台就业人员（也被称为“网约工”）之间的劳动关系，多数是劳务外包或派遣，如外卖平台一般会选择一些当地的公司（与外卖平台本身并无子母公司关系）与骑手签订相关的协议。有的可能是劳务派遣，有的可能是劳务外包。在这种关系下，平台一般也不给“网约工”缴纳社会保险，最多给购买一份商业保险。此外，也有一些存在商务合作关系。例如，2018 年被称为“‘网约工’劳动争议第一案”的 7 名签约厨师诉讼案，被告方企业认为其与原告 7 名签约厨师只是商务合作关系，App 平台只提供渠道，以实现双方共赢。

在这种情况下，基于平台的灵活就业人员的基本权益如何得到维护，是急须加强研究和解决的问题。《关于促进分享经济发展的指导性意见》中提出，要“积极发挥分享经济促进就业的作用，研究完善适应分享经济特点的灵活就业人员社会保险参保缴费措施，切实加强劳动者权益保障”，但在实践中仍缺乏具体可操作的制度。首先，传统的劳动关系制度并不适应新就业形态的发展，如按照现有劳动法，通过平台接单的劳动者的法律地位难以确认，其合法权益保障和劳动者维权难度加大。其次，新就业形态从业人员的社会保险参保意愿和参保率都偏低，从长远发展来看，随着群体规模的扩大，有可能导致养老保险资金规模萎缩。如何根据共享经济从业者灵活就业的新特点，设计和提升社会保险参保率，是社会保险制度创新的一大难点。此外，当前很多针对就业的公共服务、就业政策性补贴等都偏重于传统就业，并没有完全覆盖到共享经济这种新就业形态。尽管《关于促进分享经济发展的指导性意见》中提出，要“对与从业者签订劳动合同的平台企业，以及依托平台企业灵活就业、自主创业的人员，按规定落实相关就业创业扶持政策”，但在实践中看多数就业扶持政策主要支持传统用人单位，与共享经济企业相结合的较少。因此，未来需要对以共享经济为代表的新形态就业的相关制度创新开展深入研究。

三、新技术的魔力

人工智能是引领新一轮科技革命和产业变革的战略性技术，具有很强的溢出效应和“头雁”效应。人工智能技术融合了移动互联网、大数据、超级计算、传感网和脑科学等新理论、新技术，呈现出深度学习、跨界融合、人机协同、群智开放和自主操控等新特征，对经济、社会发展产生了重大而深远的影响。

共享经济和人工智能技术的发展互促互动。一方面，人工智能技术的深度应用，是共享经济平台整合海量资源、实现供需精准匹配、保障资源高效利用的根本保证，是驱动新产品开发和服务创新的重要力量。另一方面，共享经济为人工智能技术的创新应用提供了丰富的场景，驱动了深度学习、自动驾驶和无人机配送等前沿技术的发展。目前，人工智能技术已经在共享经济领域得到了普遍应用，这些应用有效地改进了平台算法，更好地捕捉了用户需求和兴趣，极大地提升了用户体验，促进了用户点击量和订单量的提升。同时，人工智能技术的应用还有助于释放共享经济平台上海量数据的潜在价值，进一步促进新业态、新模式与经济社会活动的融合发展。

2018 年 8 月，国际数据挖掘领域的顶级会议 KDD2018 在伦敦举行，会议吸引了全球范围内共 1480 篇论文投递，会议最终收录 293

篇，录取率不足 20%。其中，滴滴出行共有 4 篇论文入选 KDD2018，涵盖到达时间预测（Estimated Time of Arrival，ETA）、智能派单和大规模车流管理等多个研究领域，这一表现是我国共享经济企业在人工智能领域技术创新的上佳注解。

在实践中，滴滴出行致力于深度学习、自然语言识别与处理、计算机视觉和自动驾驶等前瞻性技术研究，不断地改善了人们的在线叫车体验。其中，智能派单是出行场景的核心环节。滴滴出行利用强化学习技术构建派单算法，在对全天供需和出行行为预测的基础上，优化和提升了派单效率，既提升了用户的出行体验，也增加了司机的收入。美团打车利用人脸识别技术比对、确认实际运营驾驶员与平台注册信息及公安部门登记信息的一致性，未能通过验证的驾驶员将无法接单，从而更好地保障用户安全。

基于大数据的用户精准分层和智能推荐是网络内容共享平台的制胜法宝。为了解决精准分发和推送问题，许多新闻聚合分发平台自出现以来就开展了人工智能方面的应用研究，包括自然语言理解、计算机视觉、机器学习和人机交互等技术。在内容分发和传输过程中，平台采用通用知识图谱技术及人机交互技术，实现了对个性化信息服务需求的精准挖掘。人工智能技术越来越成为网络内容共享平台的一种核心竞争力。

在线外卖的配送调度涉及大规模组合优化问题，业务场景的复杂性使其具有多目标、强约束、随机性和动态性等特点。美团外卖运用大数据和人工智能技术，综合商家位置、用户位置、城市路网、订单状况和轨迹数据等信息，开发了整套的智能化配送算法，打造了一个具备全局优化能力的即时配送智能调度系统，实现了送餐准时率超过 98%、单均配送成本下降 20%的目标。饿了么智能调度系统以安全为先，不断适应市场和业务需求迭代优化，截至 2018 年年底，该系统已覆盖全国 2000 多个市（县），骑手配送效率提高近 40%，相当于每人每天多送 10～15 单，骑手收入明显提高。

在共享物流领域，运满满联合全球专业的人工智能研究机构开发了全国公路干线物流智能调度系统。该系统实现了车主与货主的智能车货匹配，形成了在大空间尺度下的车货路径优化及物流信息的全程追踪和可视化，使得调度有效率超过 95%、干线物流空驶率降低 10%，显著提升了公路干线物流运输组织效率。

四、资本的力量与争议

近两年，共享经济创业企业成为全球资本市场的投资热点。没有资本市场的热捧，就没有共享经济的超常发展。共享经济领域一大批独角兽企业，尤其是超级独角兽企业如雨后春笋般迅速崛起。在这个过程中，各类投资机构发挥了无可替代的推动作用，共享经济一度成为资本竞相追逐的风口。

根据 Crowd Companies 的统计，2010 年美国只有不到 20 家机构投资共享经济，而截至 2015 年 4 月底已增加到 198 家机构。不仅如此，投资金额也在快速上升。2010—2013 年，全球流向共享经济企业的投资额累计达 43 亿美元，2014 年和 2015 年的投资额分别为 85 亿美元和 142.06 亿美元，两年内流入的风险资本规模增长了 5 倍多。

国家信息中心发布的报告显示（见图 1-4 和图 1-5），2016 年我国共享经济融资规模约 1710 亿元，同比增长 130%；2017 年共享经济融资规模达到 2160 亿元，同比增长 26.3%；2018 年共享经济融资规模为 1490 亿元，同比下降 23.2%，首次出现负增长，其原因主要是交通出行领域（包括网约车、共享单车和共享汽车等）融资出现大幅下降，2018 年交通出行领域融资规模从 2017 年的 1072 亿元下降到 419 亿元，规模下降了 653 亿元，降幅高达 61%。剔除交通出行领域后，其他领域的共享经济直接融资规模从 2017 年的 868 亿元增长到 1072 亿元，涨幅达 23.4%。

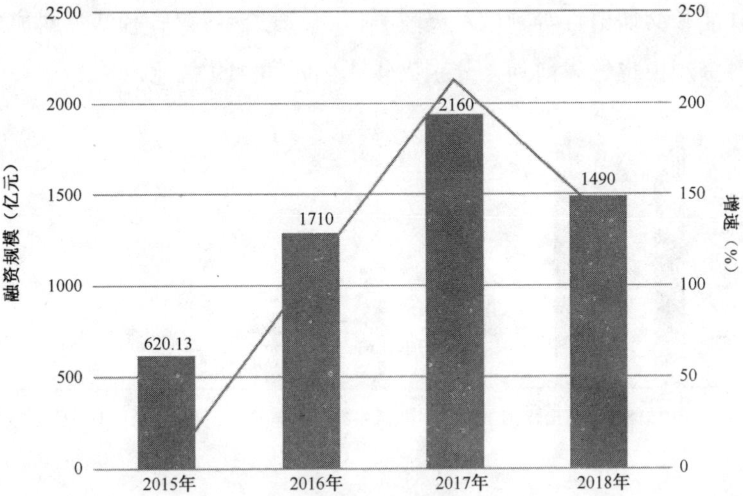

图 1-4　2015—2018 年我国共享经济领域融资情况

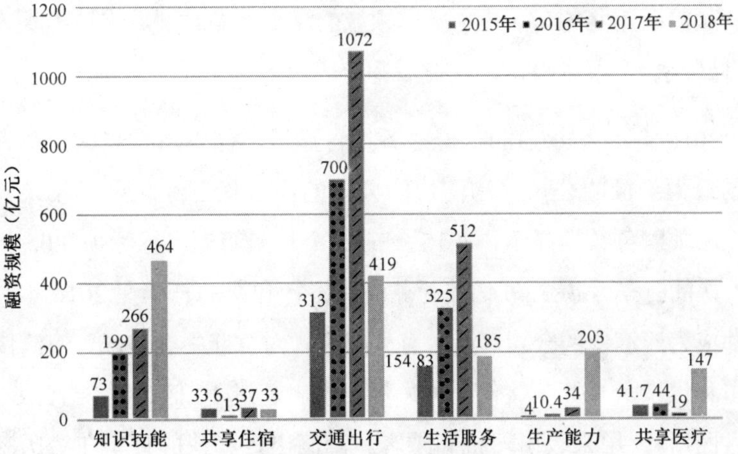

图 1-5　2015—2018 年我国共享经济主要领域融资情况

从各领域看（见图 1-6），由于 2018 年共享医疗领域一系列促进行业发展的相关政策出台，稳定了投资者对行业发展的预期，共享医疗成为融资规模增速最快的一个领域，同比增长高达 661.8%。生产能力共享也受到了投资者的青睐，其融资规模增长高达 494.1%。知识技能和交通出行等领域发展较早，用户渗透率较高，模式相对成熟，其融资规模也位居前列，分别为 464 亿元和 419 亿元。

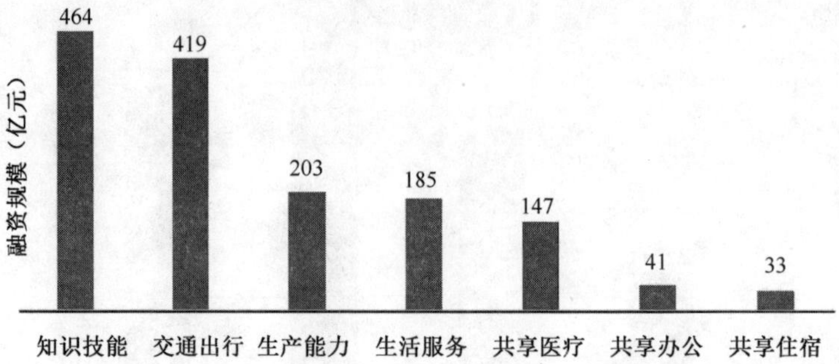

图 1-6　2018 年我国共享经济重点领域直接融资额

从前两年网约车、共享单车领域的激烈竞争，到后来层出不穷的“花样分享”，不可否认，其背后都有着巨大的推手——资本。

2015 年普华永道的一份财务报告显示，作为占据我国打车软件市场最大份额的公司，滴滴快的公司的净亏损已经超过了收入的 3 倍。相关财务数据显示，2015 年前 5 个月，滴滴出行亏损 3.05 亿美元，快的打车亏损 2.66 亿美元。滴滴出行和快的打车在 2016 年 2 月合并成为滴滴快的公司。当时有外媒称，为争夺中国市场，滴滴快的公司和优步两大打车软件公司每年要拿出超过 10 亿美元（约合 64 亿元人民币），用来吸引司机和乘客。滴滴出行和快的打车在经历激烈的“补贴战”后合并，共同与对手优步竞争，这种资本运作模式甚至被不少人称为互联网资本市场的一个“铁律”。

无独有偶，在 2016—2018 年短暂的两年时间内，共享单车行业经历了一个疯狂的融资潮。其中，ofo 资轮次近 10 轮，融资规模近 15 亿美元，参与投资者包括阿里巴巴、蚂蚁金服、滴滴出行和中信等知名企业和投资机构。融资频度之快、金额之大、受追捧程度之高，在互联网领域发展史上都相当罕见。2018 年，在共享单车市场整体趋冷、摩拜被美团全资收购、ofo 陷入经营困局和债务危机的同时，哈啰单车作为后入局者在获得新一轮融资后，用户和规模出现快速发展势头。

2018 年部分共享概念公司因找不到合适的盈利模式而陷入困境，经营面临考验。成立于 2012 年的住百家，2016 年作为“共享住宿第一股”挂牌新三板。随后几年，住百家累计融资规模达 2.71 亿元，联想、浙商控股等知名机构纷纷进入。但是，2014—2016 年，住百家连续亏损，净利润分别为-223.12 万元、-8958.43 万元和-8681.90 万元。住百家的经营情况并没有因为资本热捧而逐步向好，也一直没有找到有效的盈利模式。2018 年，住百家被股转公司强制摘牌。

互联网是一个赢家通吃的市场，互联网经济至今仍然是流量经济。资本的逐利性决定了对于任何可能新出现的流量，资本巨头都不会无视。尤其是在一些进入门槛相对较低的共享经济领域，为了迅速占领市场和吸引用户流量，“烧钱补贴”成为资本竞争的重要甚至是唯一利器。在某种新模式尚未获得市场和用户认可之前，它们对能够持续扩大和维持规模的资本有着很强的甚至是绝对的依赖，在某些情况下甚至对需要加以防控的风险都难以顾全。

于是很多人说，共享经济是只有资本能玩得起的“烧钱”游戏，资本的大量投入才有了共享经济企业的发展。果真如此吗？

“烧钱”并不是必然的现象。有些模式较为清晰的企业在发展初期并没有大量资本进入，它们是因为找到了真正的市场需求和用户痛点才发展起来的。它们呈现出的巨大的发展潜力，让人们看到了其有更好的发展前途，钱才会涌进来，资本才开始追捧。

“烧钱”也不是问题。多数互联网企业发展之初都经历过“烧钱”阶段，问题的关键在于能否找到可持续的发展模式。正如阿鲁·萨丹拉彻所言，共享经济产品是否成立取决于两个维度：产品有多少价值（成本），所有者对该产品的集中使用程度（使用频率）。

依赖于资本大量补贴、集中于低端价格战的竞争，永远只是权宜之计。依靠大量投入来培养用户习惯，在吸引用户流量后，共享经济企业仍然要回归理性思考：如何挖掘真实的用户痛点和市场需求，如何平衡好投资和收益的关系，如何构建可持续的商业模式。这些才是所有共享经济企业需要并且必须找到答案的核心问题，否则它们必将很快被市场和资本抛弃。

五、问题频出引发的反思

之所以说 2018 年是我国共享经济“风雨兼程”的一年，是因为这一年共享经济一些领域的问题集中爆发。

在网约车领域，2018 年 5 月、8 月接连发生的两起滴滴出行事故，引发了社会公众对网约车安全的担忧，并引起相关部门的高度重视，由此拉开了网约车平台安全专项检查和行业全面整改的大幕。

在共享单车领域，由于平台企业过度投放单车，而其线下运维能力又不足，导致用户乱停乱放和挤占公共空间、押金退出风险集聚等问题突出，主要的一二线城市都采取了集中清理整治行动。

在内容共享领域，一些从事内容共享的网络自媒体、短视频和直播等新兴平台，缺乏市场准入和服务牌照许可。同时，非法信息内容传播问题突出，许多平台都不同程度地存在非法、低俗、色情、虚假、煽动性和仇恨性内容的传播问题，造成极其恶劣的社会影响。此外，平台上的侵权现象也日趋严重。正是由于上述问题的频发，有关部门组织实施了一系列专项整治行动。

在共享金融高速发展的同时，金融风险也在迅速集聚扩大，问题平台尤其是存在恶性退出问题（跑路、提现困难、司法介入等）的平台数量大幅增长，集资诈骗行为高发，业务运作不规范问题普遍而突出。2018 年 6～7 月，P2P 行业出现“爆雷潮”，全国共有 252 家平台出现严重问题，其中，229 家平台倒闭，23 家平台出现逾期或提现困难。共享金融问题的集中爆发严重影响了整个金融系统和社会的稳定，引发了以合规审查和备案为重点的高压监管。

此外，由共享住宿带来的社区邻里冲突事件，外卖领域屡禁不止的“黑作坊”问题，共享医疗领域的市场准入问题等，也是引发相关部门加强监管的原因。

共享经济部分领域问题的集中爆发，引发了社会各界的广泛关注、讨论，甚至是争议和质疑。这些争议和质疑是新业态成长过程中绕不开的“烦恼”。客观上说，优胜劣汰是市场竞争的基本法则，上述言论存在一些非理性现象：将某一领域面临的困境等同于共享经济的整体状况，将某个具体模式的失败看成整个共享模式的失败，将发展中遇到的阶段性问题看成长期性问题。

从发展前景看，共享经济是一种技术、制度和组织的组合创新方式，能够大幅降低交易过程中供需双方的相互寻找、讨价还价和安全保障等成本，从而提升资源配置效率。无论是从培育经济增长新动能，推进产业转型升级，还是从满足消费者巨大的潜在需求来看，共享经济的作用远未充分释放，共享经济向各领域加速渗透融合的大趋势不会改变。

大趋势不会改变，但市场竞争的重点已经出现了显著变化。

过去几年，共享经济领域多数企业走的是“规模化之路”，追求的是量的扩张，既体现在用户量，也体现在用于共享的物品或服务的量，似乎只有以最快的速度成为市场上规模最大的那一家，才有可能成为赢家，享受成为行业“领头羊”所带来的头部效应。当对规模的追求一度胜过了对主营业务本身效率的追求，并成为考量一切的核心指标时，企业运营风险、社会责任和道德风险等都退居到次要地位，出现问题是必然的、迟早的事情。

貌似“变凉”的共享经济，真正要面对的是回归理性的阵痛，“规模打天下”的时代已经过去，回归最本真的商业逻辑，为市场和用户创造更多的价值才是真正的王道。

盲目“烧钱”抢流量的路子越来越行不通了。在经济下行压力加大和去杠杆、防风险的形势下，从政府到市场投资机构，都将会更加注重效率、收益和风险控制。规模驱动的时代过去了，效率驱动和以质量求发展的时代必将到来。

六、价值衡量的困惑

在一次关于共享经济与经济增长的研讨会上，一位与会者提出了一个问题：这几年共享经济看似火热、声势很大，但它对经济增长、GDP 增长的作用究竟有多大？

这个问题很容易让人想到经济学史上著名的“索洛悖论”。经济学家罗伯特·索洛（Robert Solow）曾提出：“我们到处都看得见计算机，却在生产率统计方面看不见计算机（Computers Everywhere Except in The Productivity Statistics.）。”后来人们把“高速的信息技术投资与缓慢增长的生产率”在实际测度中表现出来的这种关系称为“索洛悖论”。

共享经济作为一种新业态、新模式，从理论上说，其快速发展改变了许多行业原有的发展范式，正在推动构建一个全新的、运行效率和效益更高的经济体系，由此将撬动一个有着巨大发展潜力的长尾市场；并且使得经济价值与社会价值更加紧密和深度融合，代表了一种能够使经济活动释放出更大的社会价值的、可持续的经济社会发展方式。从实践层面看，共享经济的市场交易规模、就业及全社会的参与人数等，都在持续扩大，但其对经济增长的价值尤其是对 GDP 的影响，目前还存在一定的争议。

国内生产总值（Gross Domestic Product，GDP）是指一个国家或地区在一定时期内生产的全部最终产品和服务价值的总值。GDP 反映的是国民经济各部门增加值的总额，是宏观经济中最受关注的经济统计数字，通常被作为衡量国家或地区经济发展综合水平的一个重要指标，也是目前各个国家和地区常采用的衡量指标。但传统的核算方法决定了用 GDP 反映经济发展综合水平存在很多局限性。例如，有一些不通过市场却能对人们生活产生重大影响的经济活动就不能通过 GDP 来反映，GDP 难以反映一个国家的产品和服务的结构，GDP 难以反映因技术的进步而降低的产品和服务的市场价值，GDP 没有考虑经济发展给环境带来的污染和资源的消耗等。也就是说，GDP 对经济发展中诸如经济增长方式及其为此所付出的代价、经济增长的效益和质量、社会财富的集聚和社会分配、社会公正等诸多方面的情况，都难以进行科学的衡量和反映。

关于共享经济，有观点认为，共享经济发展对 GDP 增长没有贡献。持这种观点的人认为，共享经济在多数情况下都是轻资产模式，通过互联网平台对接碎片化的供需，提高了闲置资源的利用率，许多企业无须购置大量重型资产即可运营甚至盈利，因而其发展抑制了新增资本和重资产需求，而且也会减少对同类传统服务的需求。例如，随着在线短租的发展，游客对传统酒店和旅行社的需求可能会减少；共享汽车的发展可能会抑制人们对私家车的购买需求等。甚至还有观点认为，共享经济导致短期内社会服务总供给明显增加，大于社会消费总需求，可能会造成市场恶性低价竞争，从而降低交易价格和整体市场规模，拉低 GDP 增长水平。

事实上，由于共享经济的服务提供者分布面广，个体参与者众多，在目前有关部门未将其经济贡献纳入统计范围的情况下，很难准确地判断其快速发展的贡献能否弥补其负面影响。以低投入甚至零投入，让分散化的闲置资源和优质资源产生更多价值，零边际成本的经济运行体系有望形成。

也有人认为，共享经济激发和调动了潜在消费，甚至创造了新的需求，会使整体经济规模扩大，可以直接促进 GDP 增长。更重要的是，共享经济发展使经济价值与社会价值更加紧密和深度融合，如创造更多的就业机会、缓解生态环境承载压力等，其解决的恰恰是在传统发展方式下一味追求 GDP 的增长所带来的困难。基于此，共享经济代表的是一种能够使经济活动释放出更大的社会价值的、可持续的经济社会发展方式。

这些都意味着，共享经济的发展对传统的经济核算方法提出了挑战。

其一，GDP 所统计的是市场上商品和服务的价格，由于现代信息技术的进步和模式创新，很多商品价格持续降低，甚至还出现了越来越多的免费服务，在这个过程中也存在大量非货币交易，已经造成了规模漏统的问题。例如，许多互联网网站向居民提供大量的免费或价格非常低廉的服务，这些网站主要通过在线广告从企业获得收入，并不从居民那里获得收入，从而居民关于互联网服务的最终消费被忽略或被严重低估。

其二，GDP 以不变价格进行核算，但是创新和技术进步导致相当一部分的产品功能不断增强，价格却不断下降。那么，不变价格核算的 GDP 也就难以体现出产品功能的增强和质量的提升对经济增长的贡献。

其三，目前国家统计局公布的 GDP 主要以生产法核算为主，而生产法需要通过企业法人和个体户的生产进行统计，共享经济的发展使得人人都可以成为生产者，如提供闲置的出租车、图书分享、住房分享和车位分享等行为均提供了服务，参与者大多数是居民个人，传统的统计调查方法很难完整采集到相应的数据，也就难以被统计到 GDP 中。

其四，在现行的 GDP 核算中，居民购买的日用品，包括新的、二手的日用品，在购买时计入消费价格指数，在销售时以负值计入消费价格指数。这种处理方法没有反映出共享经济活动中一部分居民利用闲置用品对另一部分居民提供服务的情况，共享经济发展其实提高了居民的消费水平和福利。

此外，现有统计核算方法容易忽略共享经济对经济发展质量和消费者福利的提升。GDP 核算的主要是去除通货膨胀因素后的最终产品或劳务的市场价值，这就使得共享经济带来的闲置资源的充分利用、经济运行效率的提升、产业结构升级及创新能力的提升等都难以得到充分体现。同时，用户通过分享而降低的消费成本及获得的收入也不能得到有效反映，相关的交易数据也被排除在消费者价格指数之外，难以反映真实的经济运行状态。

面对以共享经济为代表的新业态、新模式的发展，相关部门也在积极探索，创新统计和价值衡量方法。2016 年 4 月，国家统计局印发了《新产业、新业态、新商业模式专项统计报表制度》。该统计调查制度在提质增效转型升级、工业战略性新兴产业、新产品、新服务、高技术产业及新技术、科技企业孵化器、四众（众创、众包、众扶、众筹）、电子商务、互联网金融、城市商业综合体和开发园区 11 个重点领域进行了探索。同时，国家统计局还制定了“三新”经济增加值核算办法，并尝试进行初步测算。但随着实践的快速发展，新型服务方式也大量出现，原来的 11 个重点领域已不能涵盖新经济发展的全部。2018 年年初，我国又进一步提出，要抓紧修订“三新”统计标准，研究建立反映数字经济、共享经济和现代供应链的统计制度，改进完善“三新”增加值核算方法，改进经济发展新动能指数的计算方法。

面向未来看，发展共享经济是对经济效益和社会效益的全面提升，对其价值和贡献的衡量不应仅局限于经济总量的角度。但是，现有的国民经济核算体系不能完全反映共享经济对经济社会发展的作用，因此准确把握共享经济的发展情况需要构建一套与之相适应的指标体系，也需要相关数据的支撑。

CHAPTER 02
服务业转型新动能

改革开放 40 年来，我国服务业发展水平不断迈向新台阶。2018 年我国服务业增加值占 GDP 的比重为 52.2%，超过第二产业 11.5 个百分点；服务业增加值比 2017 年增长 7.6%，比全国 GDP 增长率高 1 个百分点，连续 6 年增长率高于第二产业，已经成为推动经济增长的主动力。

服务业的快速发展是国家整体经济发展水平和居民收入水平快速提高、消费需求升级的必然结果，也是新一轮信息技术革命和产业变革，尤其是移动互联网、物联网、大数据、人工智能、云计算和虚拟现实等新技术在服务业领域广泛应用的结果。以网约车、共享住宿、在线外卖、内容共享和共享医疗等为代表的新产业、新业态、新模式，成为推动服务业结构优化、快速增长和消费方式转型的新动能。

当前我国已进入消费结构加快升级的新阶段，不断升级的消费需求有力地拉动了服务业增长，不断出现的新业态、新模式在满足人们多层次、多样化需求的同时，也在不断地激发新的需求。共享经济的蓬勃发展，将使服务业对经济增长的“压舱石”作用更加凸显。

一、共享催生新业态

推进互联网与服务业的融合发展，提升以“互联网+”为代表的新兴服务业态比重，是服务业结构优化的重要特征。2015 年《国务院关于积极推进“互联网+”行动的指导意见》（以下简称《意见》）中明确提出，要加快发展基于互联网的医疗、健康、养老、教育、旅游和社会保障等新兴服务，大力发展共享经济。《意见》发布后，有关部门又陆续出台了网约车、共享住宿等领域的相关政策，有力地促进了共享经济新业态的发展。

过去几年，在面向人们生活的服务领域，共享经济发展最快、模式最成熟、渗透范围最广。在出行、住宿、餐饮和医疗等领域，基于共享经济平台发展起来的新兴服务从无到有，在相关服务行业中的比重稳步提高，如图 2-1 所示。

2015—2018 年，网约出租车客运量占出租车总客运量的比重从 9.5%提高到 36.3%，共享出行服务支出占城镇居民交通支出的比重从 6.2%提高到 10.3%，共享住宿收入占全国住宿业客房收入的比重从 2.3%提高到 6.1%，在线外卖收入占全国餐饮业收入的比重从 1.4%提高到

10.6%，共享医疗服务支出占个人医疗卫生服务支出的比重从 0.27%提高到 0.53%，共享物流收入占公路物流总收入的比重从 0.4%提高到 1.6%。

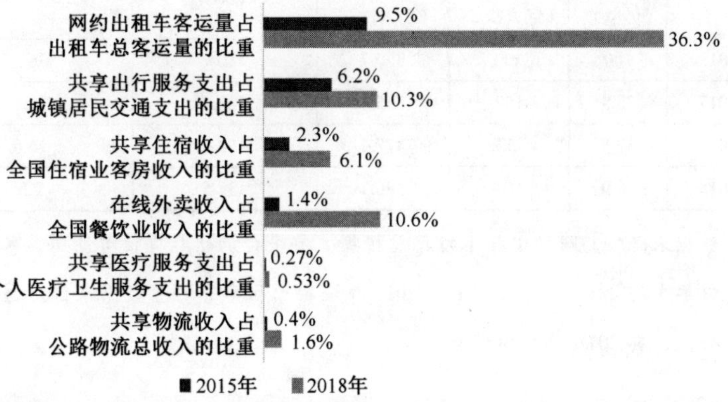

图 2-1 2015 年和 2018 年各领域基于共享平台发展起来的新兴服务占比

1. 出行服务业

新兴的网约出租车服务是出行领域的一场产业革命，带来了出行业态与服务方式的重大变化，最显著的一个标志就是网约出租车客运量和服务支出大幅提高。

从出租车客运量结构变化来看，2018 年我国网约出租车完成客运量约 200 亿人次，占出租车总客运量的 36.3%，相当于每 3 个打车的人中，至少有 1 人使用网约出租车。这个比例较 2015 年有明显提升，增长了 26.8 个百分点，网约出租车成为城市居民出行服务体系中越来越重要的组成部分，如表 2-1 和图 2-2 所示。

表 2-1　2015—2018 年我国网约出租车客运量占出租车总客运量的比重

年　份	网约出租车		巡游出租车	出租车客运总量（亿人次）	网约出租车客运量占比（%）
	订单量（亿单）	客运量（亿人次）	客运量（亿人次）		
2018	100	200	350.7	550.7	36.3
2017	78.5	157	365.4	522.4	30.1
2016	37.6	75.2	377.4	452.6	16.6
2015	20.9	41.8	396.7	438.5	9.5

数据来源：①网约出租车订单量根据主要平台调研数据估算获得，客运量按每个订单平均 2 人计算；②2015—2017 年巡游出租车客运量数据来自交通运输部统计公报，其 2018 年为估计数。

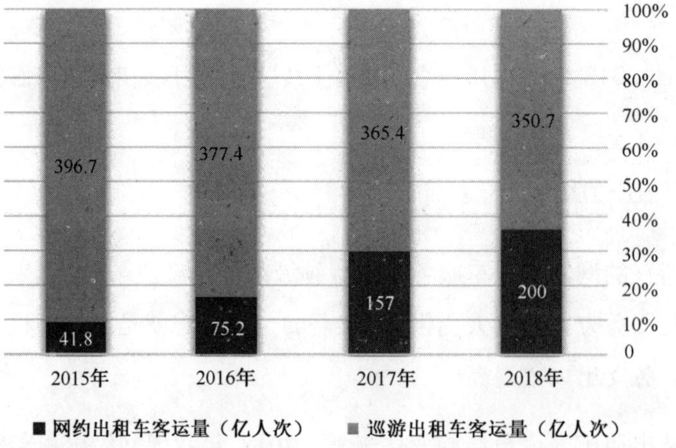

图 2-2　2015—2018 年网约出租车与巡游出租车客运量对比

从城镇居民交通支出（包括公共交通、出租车及网约车等支出）结构看，2018 年我国城镇居民交通支出为 24061 亿元，其中共享出行服务支出为 2478 亿元，占比 10.3%，较 2017 年增加 0.7 个百分点，比 2015 年提高了 4.1 个百分点，如表 2-2 所示。共享出行在城市公共出行服务中的地位越来越重要，已经成为城市交通出行重要的补充工具，在满足居民出行需求的同时，也带动整个城市交通服务的发展。

表 2-2　2015—2018 年共享出行服务支出占城镇居民交通支出的比重

年　份	共享出行服务支出（亿元）	城镇居民交通支出（亿元）	共享出行服务支出占比（%）
2018	2478	24061	10.3
2017	2010	20939	9.6
2016	1280	18348	7.0
2015	1000	16016	6.2

数据来源：2015—2017 年城镇居民交通支出根据城镇居民人均交通支出和城镇居民人口数计算得出；城镇居民人均交通支出根据国家统计局公布的城镇居民人均交通通信支出扣除工业和信息化部公布的人均电信消费支出计算得出，2018 年为估计数。

2．住宿服务业

共享住宿是指以互联网平台为依托，整合共享海量、分散的住宿资源，满足多样化住宿需求的经济活动总和。随着互联网等新技术飞速发展、城乡旅游消费和服务的升级、个性化消费理念的流行，共享住宿成为越来越多人外出旅行的一种选择。2018 年我国共享住宿收入约 165 亿元，占全国住宿业客房收入的 6.1%，较 2017 年提高了 1.4 个百分点，较 2015 年提高了 3.8 个百分点，如表 2-3 所示。这意味着继宾馆酒店、客栈民宿和租赁式公寓等传统业态发展成熟之后，基于网络平台发展起来的共享住宿业态也在逐渐成熟。

表 2-3 2015—2018 年共享住宿收入占全国住宿业客房收入的比重

年 份	共享住宿收入（亿元）	限额以上住宿业客房收入（亿元）	全国住宿业客房收入（亿元）	共享住宿占比（%）
2018	165	2054.8	2692	6.1
2017	120	1979.6	2563.7	4.7
2016	85	1907.2	2441.6	3.5
2015	53	1803.1	2279.8	2.3

数据来源：①2015—2017 年限额以上住宿业客房收入数据来自国家统计局，2018 年为估计数；②全国住宿业客房收入数据根据第三次全国经济普查数据和限额以上住宿业客房收入数据的比例推算得出。

3. 餐饮服务业

随着互联网技术的不断渗透，餐饮服务领域传统商家积极转型，外卖品类不断拓展，外卖品质不断提升，配送服务持续优化，消费者体验越来越好，在线外卖市场发展迅速，成为餐饮业中越来越重要的新业态。近年来，我国在线外卖营业额不断攀升，占全国餐饮业比重越来越高。2018 年我国在线外卖收入约 4712 亿元，占全国餐饮业收入的比重为 10.6%，较 2017 年提高了 3 个百分点，比 2015 年提高了 9.2 个百分点，如表 2-4 所示。

表 2-4 2015—2018 年在线外卖收入占全国餐饮业收入的比重

年 份	在线外卖收入（亿元）	全国餐饮业收入（亿元）	在线外卖收入占比（%）
2018	4712	44591	10.6
2017	3000	39644	7.6
2016	1663	35799	4.6
2015	458	32310	1.4

数据来源：2015—2017 年全国餐饮业收入数据来自中国饭店协会发布的历年《中国餐饮业年度报告》，2018 年为估计数。

4. 医疗服务业

共享医疗是以互联网平台为载体整合海量、分散的专业化医疗资源，以便捷、高效的方式满足多样化医疗服务需求的一类经济活动，是共享模式与医疗服务融合发展的结果。相对出行、住宿和餐饮等其他服务活动而言，由于人们对线下医疗的高度依赖性，在线就医习惯尚未养成，因此共享医疗服务模式尚不成熟，再加上其具有较高的行业准入门槛，共享医疗发展十分缓慢、渗透率低，共享医疗服务支出占全国个人医疗服务总支出的比重严重偏低。2018 年我国共享医疗服务支出为 88 亿元，占全国个人医疗总支出的比重约为 5.3‰，比 2015 年提高了 2.6 个千分点，如表 2-5 所示。

表 2-5　2015—2018 年共享医疗服务支出占全国个人医疗服务支出总额的比重

年　份	共享医疗服务支出（亿元）	全国个人医疗总支出（亿元）	共享医疗服务占比（‰）
2018	88	16498	5.3
2017	56	14834	3.8
2016	47	13338	3.5
2015	32	11993	2.7

数据来源：2015—2017 年全国个人医疗总支出数据来自国家统计局，2018 年为估计数。

5. 物流服务业

促进物流业降本增效，着力推进物流业集约化、智能化和标准化发展，是物流业转型升级的重要方向。随着信息技术在供应链管理和物流业中的广泛运用，基于互联网平台的物流新业态、新模式不断涌现。其中，公路运输领域的共享物流是最具代表性的一种新业态，并在最近几年取得了较快发展。2018 年我国共享物流收入约 490 亿元，较 2017 年增长 40%，占全国公路物流总收入的 1.6%，较 2017 年提高了 0.4 个百分点，较 2015 年提高了 0.8 个百分点，共享物流在全国公路物流业中的占比越来越高，如表 2-6 所示。

表 2-6　2015—2018 年共享物流收入占公路物流总收入的比重

年　份	共享物流收入（亿元）	公路物流总收入（亿元）	共享物流收入占比（%）
2018	490	31172	1.6
2017	350	28854	1.2
2016	190	25822	0.7
2015	100	24500	0.4

数据来源：公路物流收入数据根据国家发展和改革委员会公布的物流业总收入数据、物流运输费用数据及交通运输部公布的货运周转量数据估算得出。

二、创造新供给，激发新需求

信息网络技术在服务业领域的创新应用，催生了大量的共享经济新业态、新模式，为服务业持续保持快速增长注入了新动力。一方面，基于互联网的共享经济平台打破了供需双方间的信息不对称，过去未能得到有效利用的闲置资源和劳动力被充分调动起来，从而极大地提升了服务业的供给能力。另一方面，共享服务新业态也促使餐饮、保洁等传统的家庭自足式服务转向市场化服务，带动了代买、代排队和跑腿取件等一系列增值服务，从而极大地激发了生活服务中的潜在消费需求。此外，共享服务对传统服务方式的替代效应也逐渐显现，更高的服务效率和更好的消费体验使得许多用户从线下消费向线上消费转移：从巡游出租车到网约出租车，从到店消费到在线外卖，从住酒店到住民宿。

相对于成熟稳定、低速增长的传统服务业态，共享服务业态创造新供给、激发新需求的巨大能力，以及对传统服务业态的替代作用，推动了共享服务业态的持续超高速增长，在出行、住宿和餐饮等领域，共享服务业态收入年均增速往往数倍于传统服务业态收入年均增速，如表 2-7 所示。

表 2-7　2015—2018 年共享服务业态与传统服务业态收入年均增速比较

领　域	共享服务业态收入增速(%)	传统服务业态收入增速(%)	增速倍数
出行	35.3	12.9	2.7
住宿	45.7	3.6	12.7
餐饮	117.5	9.7	12.1
物流	69.8	8.2	8.5
医疗	40.1	11.1	3.6

注：增速倍数等于共享服务业态收入年均增速与传统服务业态收入年均增速之比。

以出行行业为例，网约车的发展使得大量闲置的社会车辆资源得到更加充分的利用，为城镇居民出行提供了更多新的选择和更好的体验，从而使网约车服务收入的增速大大高于巡游出租车服务收入的增速。2015—2018 年网约车服务收入年均增速为 35.3%，是巡游出租车服务收入年均增速的 2.7 倍。再以餐饮为例，在线外卖的发展提升了线下餐厅的食品加工和供给能力，同时也因方便、快捷的服务激发了大量的新需求，包括对家庭自我服务的替代，以及由外卖衍生出来的市场化配送服务。2015—2018 年在线外卖收入年均增速约为 117.5%，是传统餐饮业收入年均增速的 12.1 倍。

共享模式创造的新供给、新需求及带来的更好的用户体验，带动了相关服务行业更快增长。2015—2018 年出行、住宿和餐饮等领域的共享服务对行业增长的拉动作用分别为 1.6 个百分点、2.1 个百分点和 1.6 个百分点，如表 2-8 所示。但也应该看到，由于行业特性和市场监管等因素，以及新模式普及程度的差异，共享服务业态对行业的拉动作用有大有小。物流、医疗领域共享服务业态的拉动作用明显低于出行、住宿和餐饮领域，仅为 0.1 个百分点。

表 2-8　2015—2018 年共享服务业态对相关行业整体增长的拉动作用

领　域	行业整体年均增速（%）	传统服务业态年均增速（%）	共享服务业态的拉动作用（百分点）
出行	14.5	12.9	1.6
住宿	5.7	3.6	2.1
餐饮	11.3	9.7	1.6
物流	8.3	8.2	0.1
医疗	11.2	11.1	0.1

三、转变消费方式

消费是拉动 GDP 增长的“三驾马车”之一，对经济增长具有重要作用。近年来，在我国居民消费水平显著提高的同时，网络信息技术的普及应用正在推动人们消费方式的深刻变化：由门店式的线下消费向全时空的线上消费方式转变，由现金支付向网络化、移动化支付方式转变，由以实物消费为主向以信息、教育文化和旅游休闲等消费为主的新型服务消费方式转变。共享经济是最具代表性、最为活跃和最为时尚的新兴消费方式，其快速普及及其带来的个性化体验也带动了全社会消费理念和消费方式的转变。

共享服务向主要生活领域加速渗透。近年来，随着互联网、智能手机等移动终端、电子商务、移动支付的普及，网约车、在线短租、在线外卖和共享医疗等新的共享服务不断涌现，并向人们的日常生活各领域快速渗透，人们对共享服务的消费经历了从无到有的过程，消费群体也从千禧一代向社会大众变迁。共享服务的普及率（用户数量占网民的比例）及共享消费支出占比是反映上述变化的核心指标。

从共享服务的普及率来看，截至 2018 年 6 月，在网络支付方面，我国网络支付人数约 5.7 亿人，较 2015 年增加 2.6 亿人，年均增速达 16.9%，在网民中的普及率由 46.9%提高到 71%[①]。

在出行服务领域，2018 年网约车用户规模约 3.5 亿人，在网民中的普及率由 2015 年的 26.3%提高到 43.2%；在餐饮服务领域，2018 年在线外卖用户规模约 3.6 亿人，在网民中的普及率由 2015 年的 16.5%提高到 45.4%；在住宿领域，2018 年共享住宿用户规模为 7945 万人，在网民中的普及率由 2015 年的 1.5%提高到 9.9%；在医疗领域，2018 年参与共享医疗的用户规模接近 3.2 亿人，在网民中的普及率由 2015 年的 11.1%提高到 19.9%，如表 2-9 和图 2-3 所示。

表 2-9　2015 年和 2018 年主要生活领域共享服务普及情况

领　域	用户规模（万人）			在网民中的普及率（%）	
	2015 年	2018 年	年均增速（%）	2015 年	2018 年
网约车	18094	34621	24.1	26.3	43.2
在线外卖	11356	36387	47.4	16.5	45.4
共享住宿	1000	7945	99.5	1.5	9.9
共享医疗	15211	31929	28.0	11.1	19.9

数据来源：①在线外卖、网约车用户规模数据来自中国互联网络信息中心（CNNIC）发布的历年《中国互联网络发展状况统计报告》；②共享医疗和共享住宿用户规模数据根据相关平台的数据估算而来。

①中国互联网络信息中心（CNNIC）. 第 42 次中国互联网络发展状况统计报告，2018, 7.

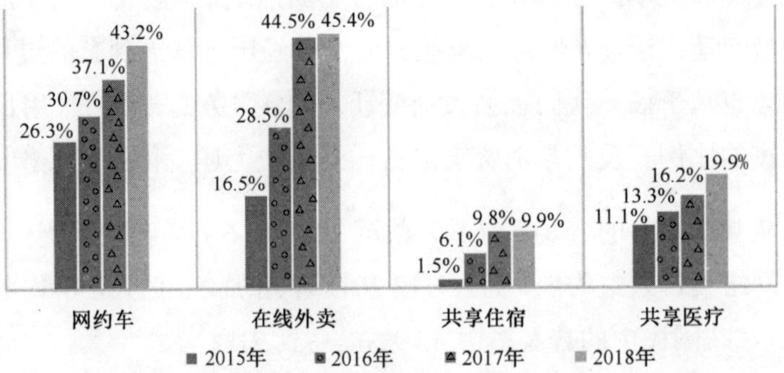

图 2-3　2015—2018 年主要类型的共享服务在网民中的普及率

从主要领域共享消费支出占比来看，2018 年在线外卖支出在人均餐饮消费支出中占比最高，达到 10.6%；第二是网约车，人均消费支出约 296.5 元，占人均出行消费支出的 10.1%；第三是共享住宿，共享住宿人均消费支出占人均住宿支出的 6.1%；医疗领域最低，共享医疗人均支出仅 6.3 元，占个人医疗卫生支出的 0.5%，如表 2-10 所示。总的来看，尽管出行、住宿、餐饮和医疗等领域的共享经济发展迅速，但由于发展时间短，用户习惯尚未完全形成，共享服务支出占比仍然偏低，因此未来市场潜力巨大。

表 2-10　2018 年主要领域共享服务支出占比

人均消费支出（元）		共享服务支出（元）		共享服务支出占比（%）
出行	2879	共享出行	296.5	10.3
住宿	192.6	共享住宿	11.8	6.1
餐饮	3190.6	在线外卖	337.2	10.6
医疗	1180.5	共享医疗	6.3	0.5

数据来源：①出行服务、共享出行服务人均消费支出分别根据城镇居民交通支出、共享出行服务支出与 2018 年年底总人口数计算得出；②住宿服务、共享住宿服务人均消费支出分别按全国住宿业客房收入、共享住宿服务收入与 2018 年年底总人口数计算得出；③餐饮服务支出、在线外卖人均消费支出分别根据全国餐饮业收入、在线外卖收入与 2018 年年底人口数计算得出；④医疗和共享医疗人均消费支出根据个人医疗卫生支出、共享医疗服务支出与 2018 年年底人口数计算得出。

从根本上说，共享经济推动的消费方式转型，既是共享消费模式对传统消费模式逐步替代的结果，也是二者融合发展的结果。以出行服务为例，网约车的发展对传统出租车既形成了一定的竞争和替代关系，也促进了传统出租车向网络化服务的转型，传统出租车也成为网约车平台上重要的服务提供者。共享消费模式与传统消费模式既相互替代又相互融合的结果，源自共享消费模式在解决传统消费模式“痛点”的同时，也给消费者带来了便捷化、个性化消费体验。网约车既满足了不同市民的出行需求，也缓解了长期以来存在的出行高峰时期“打车难”的问题；共享住宿的发展，满足了人们对“居家式”、更加个性化住宿服务的需求；在线外卖平台在提供及时、便捷送餐服务的同时，也将人们从繁重的家务中解脱出来；共享医疗的发展使更多的城乡居民能够享受大城市的优质医疗资源。随着共享消费模式与传统消费模式替代与融合发展水平的不断提高，未来共享消费模式将成为主流的消费方式之一。

四、共享经济助力公共服务

增加公共服务供给，从解决人民最关心、最直接、最现实的利益问题入手，提高公共服务共建能力和共享水平，是新时代满足人民日益增长的美好生活需要及全面建成小康社会和促进社会公平正义的必然要求。近年来，我国社会领域公共服务投入不断加大，基础设施条件和服务水平不断提高，但相对于人民日益增长的美好生活需要，仍然存在供给不足和不均衡等问题。

2019 年 2 月，国家发展和改革委员会等 18 个部门联合印发的《加大力度推动社会领域公共服务补短板强弱项提质量 促进形成强大国内市场的行动方案》明确提出：到 2020 年，我国将基本实现基本公共服务能力全覆盖、质量全达标、标准全落实、保障应担尽担，实现非基本公共服务付费可享有、价格可承受、质量有保障、安全有监管。依托于互联网和大数据等技术发展起来的共享经济，在满足公共服务尤其是非基本公共服务方面，具有独特优势。公共服务领域既是供给侧结构性改革的重点，也是共享经济巨大的潜力市场。

1. 共享经济在公共服务领域具有独特优势

公共服务是指满足社会公众需要的服务与产品的总和，包括基本公共服务和非基本公共服务。基本公共服务的供给主体是政府，强调服务均等化、普惠化和便捷化，我国《“十三五”推进基本公共服务均等化规划》中，确定了公共教育、劳动就业创业、社会保险、医疗卫生、社会服务、住房保障、公共文化体育和残疾人服务八大领域的基本公共服务清单。非基本公共服务的供给则需要充分发动市场和社会组织等各种社会力量广泛参与，强调服务的市场化、多元化和优质化。2019 年政府工作报告中明确提出，“支持社会力量增加非基本公共服务供给，满足群众多层次、多样化需求。”

作为依托互联网和大数据等现代信息技术发展起来的共享经济，简单来说，是指以使用权分享为主要特征，整合海量、分散化资源，满足多样化需求的经济活动总和。这种新业态、新模式在提供非基本公共服务方面有着独特优势：一是可以大大提高服务供给能力和效率。借助于现代信息技术，共享经济能够调动和盘活全社会的优质资源，并能够以低成本实现快速的供需精准对接和交易匹配，大大提高资源配置效率。二是可以最大限度地满足人们多样化、多层次的需求。在共享经济模式下，消费者往往也是生产者，每个人既可能是服务提供方，也可能是服务享受方，消费者可以从被动消费向主动生产消费转变，使其个性化的需求得到最大程度的满足，因而参与的积极性、创造性也随之空前增加。

2. 共享经济在公共服务领域的四大潜力市场

从实践层面看，基本公共服务的核心是促进机会均等，强调兜住底线、促进均等和政府主责；非基本公共服务的核心是扩大供给合力，强调多元服务、社会参与和市场运作。从当前我国共享经济发展现状及未来经济社会发展需要看，在公共服务领域，共享经济发展至少有以下四大潜力市场。

一是教育共享。近年来我国各类知识共享平台发展迅速。知识共享的兴起和发展，一方面可以帮助解决优质教育资源不足和分布不均的问题，从而推动教育领域基本公共服务的均衡化；另一方面由于知识共享具有学习方式灵活、学习内容丰富和学习渠道普惠等特点，能够更好地满足人们终身化、跨界化和碎片化学习的需要。各类知识共享平台有望成为人们终身学习的重要渠道，随着越来越多的教育机构、互联网企业的进入，知识共享产品和服务将日益丰富，从而可以更好地满足人们对不同层次、不同类型、不同内容的教育和知识服务需求。

二是医疗共享。医疗共享是“互联网+医疗健康”的典型业态，近年来我国大力推动互联网与医疗健康的融合发展。2018 年我国陆续出台了一系列政策措施，明确了支持“互联网+医疗健康”发展的政策导向和重点领域，也确定了监管和安全底线，相关政策进一步明朗。同时，消费结构升级将为健康服务业发展创造更广阔的市场，大数据、人工智能等技术创新应用给医疗共享带来了更大的想象空间，医疗共享将进入新的发展机遇。

三是家政服务共享。共享经济的发展使得家庭服务供给侧的专职、兼职服务人员的零星时段可以有效整合，与需求侧无缝匹配，并可及时获得服务质量反馈和追踪记录交易信息，从而增加家政服务供给并提高服务效率和质量。近年来，我国出现了大量“互联网+家政”创业公司，一些互联网巨头企业也纷纷布局家政服务，未来发展空间巨大。

四是养老共享。我国正在加速进入老龄化社会，截至 2017 年年底，我国 60 岁及以上人口达 2.4 亿人，患有慢性病的老年人有 1.5 亿人；目前每年大概还在增加 800 多万老龄人口，他们都有强烈的生活照料需求，为这些老龄人口提供养老服务是有很大挑战的。随着智能化设备的推陈出新和人工智能技术的飞速发展，养老服务越来越智能化，传统养老机构正在积极转型，养老服务市场的巨大潜力也在吸引有实力的互联网公司进入和布局。在社会养老压力不断加大的形势下，政府部门也会在政策环境方面提供有力支持，养老共享市场前景看好。

以共享经济推动社会领域公共服务补短板强弱项，需要注意以下三个方面的问题。

一是非公共服务领域共享经济发展需要更多的耐心及包容审慎的制度环境。共享经济在我国乃至全球的发展刚刚起步，在上述公共服务领域的发展更是如此。大多数领域目前都处在探索期，商业模式尚不明确，社会公众和政府部门对发展共享经济的重要意义及其发展规律的认识还不充分。在这种情况下，包容审慎的制度环境和鼓励创新的试错容错机制尤其重要。

二是参与企业需要具有更强烈的社会责任意识。共享经济本身具有调动全社会资源为全社会服务的特点，共享经济平台企业的社会参与性更广、外部效应更加明显，具有天生社会化企业的基因。尤其是在非基本公共服务领域，如何在商业模式创新与履行社会责任之间把握好平衡，对企业而言是巨大的考验。

三是服务的规范化与标准化问题。社会领域公共服务直接影响着社会公众的日常生活，关乎民生，甚至直接影响人们的生命财产安全。共享经济在强调其服务的个性化和多样化的同时，还必须注意服务的规范化和标准化，最大程度地提升服务质量和用户体验。

CHAPTER 03
强监管时代何处去

我国在2017年出台的《关于促进分享经济发展的指导性意见》中就明确了要“坚持包容审慎的监管原则”。

2018年5月，为有效应对共享经济发展出现的新情况、新问题，推动共享经济健康良性发展，国家发展和改革委员会会同有关部门发出《关于做好引导和规范共享经济健康良性发展有关工作的通知》，提出了构建综合治理机制、推进实施分类治理、压实企业主体责任、规范市场准入限制、加强技术手段建设、推动完善信用体系、合理利用公共资源、保障个人信息安全、规范市场竞争秩序、加强正面宣传引导和完善应急处置保障11个方面的要求。

2018年9月19日，李克强总理在第十二届夏季达沃斯论坛致辞中对“包容审慎的监管原则”给出了进一步阐释和肯定。所谓包容，就是新业态、新模式只要不违反法律法规、不触及安全底线、不损害公众利益，就本着鼓励创新原则，为其成长留下足够空间。所谓审慎，就是对新业态、新模式看不准的时候，不要一上来就管死，而是给它一个“观察期”，在出台监管措施时认真研究论证，既防止其不良行为，又引导其健康规范发展；对有些潜在风险很大，有可能造成严重不良后果的，就果断采取措施，这也适用于已有业态的监管；对谋财害命、坑蒙拐骗、假冒伪劣、侵犯知识产权的，不管是新业态还是传统业态，不管是线上还是线下，都坚决依法予以打击。正是由于这样的监管环境，网上购物、移动支付、共享经济等新兴产业迅速崛起，成为中国经济发展新动能蓬勃成长的显著标志。

2018年是共享经济监管历程中具有标志性意义的一年。由于部分领域问题的集中性爆发和一些影响重大恶性事件的出现，加之公众和舆论对共享经济规范发展的诉求更加强烈，监管成为重中之重，监管之严、范围之广前所未有，行政、法律和技术等监管手段多管齐下，规范发展成为社会共识。

坚持包容审慎的监管原则，不等于“放任不管”，如何顺应大势、制定新规则，如何避免“一上来就管死”，既需要善于抓住市场瞬息变化的趋势，又需要有立足当前的现实考量，还需要有必要的风险防范与应急对策，是在探索中完善、在实践中创造的过程，是对经济社会转型期政府治理能力和智慧的重大考验。

一、进入强监管时代

2018年共享经济主要领域出现的强监管态势，是共享经济健康、规范、可持续发展的必然要求，也是多种因素综合作用的结果。

这一年，网约车、共享单车、共享金融和内容共享等共享经济主要领域问题集中爆发，这些问题看似偶发独立，实际上是共享经济发展到现阶段的必然现象。另外，一些影响重大的事件出现，成为引发强监管的导火索。

1. 认知基础

共享经济发展初期，由于对其商业模式、竞争格局和影响作用尚不确定，我国采取了以鼓励创新为主、相对宽松的监管政策，各领域新业态发展迅速、创新活跃。随着实践的深入发展，共享经济模式趋向成熟，发展中存在的问题暴露得越来越充分，社会各界对共享经济的理念、模式及其对经济社会影响的认识不断深化，对监管的必要性、现实性，以及监管的目标和手段等日益形成社会共识，这成为强监管重要的认知基础。

近年来，共享经济监管日益成为社会各界高度关注的公共政策议题。中央各部门乃至各级地方政府所制定的共享经济相关法规与政策，无一不是在广泛的社会大讨论中形成的。在网约车、共享单车、共享金融和在线外卖等发展较快的领域，监管部门、行业协会、研究机构、平台企业和社会公众，围绕市场竞争、劳动保障、消费者权益、税收征缴、信息安全和隐私保护等一系列热点议题，开展了广泛讨论，极大地深化了人们对共享经济的认识，有力地推动了监管法规和政策的制定与落地实施。

2．机制与技术手段基础

共享经济跨地域、跨行业及迅速变革与创新的特点，使得传统的监管框架和手段难以适应，需要创新监管机制和手段。从监管机制来看，共享经济的监管需要多部门的协同联动、分工合作，以形成合力；从监管手段来看，需要借助大数据等新的技术工具，实现监管的数字化、智能化和精准化。

多部门联动与协同是共享经济监管非常重要的保障机制。在许多领域，有关部门都建立了多部门横向联动、中央和地方纵向联动、重点专项整治与常规化管理相结合的监管机制。在网络非法内容治理、网络版权治理和共享金融治理等领域，相关部门的联动协同及联合开展的一系列专项整治活动，逐步成为监管的常态。在交通运输领域，根据新业态监管需要，2018 年由交通运输部牵头，联合其他 10 个部委成立了交通运输新业态协同监管部际联席会议制度，并针对网约车开展了多部委联合的安全专项检查行动。

技术手段创新为提升监管能力提供了有力的支撑。作为海量资源和数据聚集的平台，共享经济的动态监测监管离不开大数据、云计算、物联网和人工智能等新兴技术的应用。为了对车辆运行状况进行实时监控，北京市交通委员会建设了共享单车监管服务平台。该平台综合利用共享单车的停放、运行等大数据，分析用户需求，以实现全城车辆的优化调度。有关部门也在积极探索基于信用大数据的监管模式，通过共享信用数据，设立信用“红黑榜单”，实施联合惩戒等手段，发挥信用在共享经济监管中的作用。

3. 回应社会关注的需要

共享经济发展中存在的问题以及重大事件的发生，引发了舆论的广泛关注和公众的强烈不满，积极回应社会关注和诉求也是引发有关部门强监管的重要原因。

滴滴出行安全事件是 2018 年共享经济领域最受关注、公众反应最为强烈的事件。事件引发舆论热议，并在微博、微信及新闻客户端平台上引发了大规模的舆论潮。正是这种巨大的舆情压力，有关部门迅速采取了大规模的安全专项检查行动。

在 P2P 领域，由于问题平台数量急剧增加，集资欺诈频发，舆论的质疑和不满与日俱增。自 2018 年“爆雷潮”发生后，在网络上与之相关的敏感信息占比逐渐走高，2018 年 6 月突破 30%，2018 年 7 月超过 40%[①]。

除上述领域外，在共享单车、共享住宿、网络短视频和网络直播等领域出现的问题，也不同程度地引发了公众关注和舆论潮，成为引发相关部门监管的重要诱因。

---

① 新浪舆情通. 金融行业舆情监测：P2P 爆雷潮是谁惹的祸？2018.

二、多措并举

针对各领域集中暴露出的问题，相关部门大刀阔斧、雷厉风行地开展了一系列专项整治行动，进一步完善政策法规，加大政策落地与执行力度。

1. 集中开展专项整治行动

专项整治又称为专项治理、专项行动、集中治理，是相关部门依据法律法规，针对特定问题和对象，在一定时期内集中人员和精力开展的集中打击或整治行动。2018 年有关部门针对共享经济主要领域存在的突出问题，组织开展了一系列专项整治行动，如表 3-1 所示。

表 3-1 2018 年共享经济主要领域开展的专项整治行动

领域	相关部门	主要内容
网约车	交通运输部等 10 个部委	• 进驻式联合安全专项检查 • 平台企业整改
共享单车	北京、广州、成都等多个城市的交通、城市管理等部门	• 清理废弃单车 • 总量控制、动态监测、运营考核
网络视频	国家广播电视总局、地方广电局等	• 清理问题账号 • 删除相关节目及链接 • 关停涉事账号节目上传功能 • 平台内部责任追究
网络直播	中央宣传部、全国“扫黄打非”工作小组办公室等部门	• 立案调查问题平台 • 封禁问题主播 • 关停问题账号
互联网新闻	中央网络安全和信息化委员会办公室等	• 清理问题自媒体账号

续表

领　域	相关部门	主要内容
网络侵权	国家版权局、国家互联网信息办公室、工业和信息化部、公安部	• 网络转载版权整治 • 短视频版权整治 • 其他重点领域版权整治
共享金融	国家互联网金融风险专项整治工作领导小组办公室、网贷风险专项整治工作领导小组办公室	• 网贷备案 • P2P 合规审查

在网约车领域，自 2018 年 9 月以来，由交通运输部等 10 个部委组成的安全专项检查工作组，对滴滴出行、首汽出行、神州专车、曹操出行、易到用车、美团打车、嘀嗒出行和高德地图 8 家主要网约车、顺风车平台公司开展进驻式联合安全专项检查。同时，各地也参照部级层面检查形式和内容，对 102 家区域性平台公司开展了安全检查工作。2018 年 11 月底，专项检查工作组向公众通报了检查中发现的主要问题，以及对相关责任单位、责任人员的处理意见和对平台公司的整改要求。这是网约车领域的首次专项整治行动，对建立以安全为核心的监管框架和相关政策的落实到位，以及压实平台企业主体责任、规范平台运营模式等将产生重大影响。

针对共享单车无序投放、乱停乱放、车辆损坏、车辆积压挤占道路等问题，2018 年在广州、杭州、成都、无锡和铜川等城市，交通、城市管理等部门联合共享单车企业开展了集中清理废弃共享单车的专项行动。

针对网络视频领域的各种乱象，有关部门在 2018 年年初开展专项整治工作，清理问题账号 1500 多个，密集清查删除相关视听节目及链接，关停涉事账号节目上传功能，启动内部责任追究机制。针对网络短视频共享出现的问题，有关部门自 2018 年年初以来开展联合整治工作，数十家热门短视频平台被约谈，几乎每个月都有短视频应用被要求下架或整改。

在网络直播领域，2018 年 2～4 月，有关部门开展了针对网络直播平台传播低俗、色情、暴力等信息和儿童“邪典”动漫游戏视频的集中整治行动，约 30 家直播平台被立案调查，一批价值导向有严重偏差、内容格调低俗、不具备运营资质的直播平台被关闭，一批违法违规情节严重的网络主播被封禁。

在互联网新闻信息服务领域，2018 年 10～11 月，有关部门开展了集中整治专项行动，清理了 9800 多个自媒体账号。

在网络版权领域，2018 年 7 月有关部门开展了打击网络侵权盗版的“剑网 2018”专项行动，重点推进网络转载版权、短视频版权及重点领域版权三大专项整治工作。

在共享金融领域，2018 年上半年有关部门在全国范围内开展了以网贷备案为主要内容的大规模专项整治行动，积极推动网贷行业平台资金的银行存管、备案和信息披露。2018 年下半年，有关部门启动了 P2P 合规审查工作，涉及 10 个方面的重点内容，审查方式包括网贷平台自查、全国和地方互联网金融协会实施的自律检查及网贷整治部门的行政核查。大规模的整治行动，意味着共享金融告别了“野蛮生长”，行业进入了重组和调整的大变革时期。

2. 进一步完善监管法规和政策

现有法律法规不适应共享经济发展，如何根据其特点和要求制定和完善相关制度，一直是监管部门面临的巨大挑战，也是监管体系建设的一项基础性工作。在出行、金融、餐饮和医疗等领域，2018 年有关部门又陆续出台了相关监管法规，如表 3-2 所示。

表 3-2　2018 年共享经济主要领域出台的有关法规

领　域	时　间	部　门	文件名称
网约车	2018 年 6 月	交通运输部	《出租汽车服务质量信誉考核办法》
	2018 年 9 月	交通运输部、公安部	《关于进一步加强网络预约出租汽车和私人小客车合乘安全管理的紧急通知》
	2018 年 9 月	交通运输部	《关于开展网约车平台公司和私人小客车合乘信息服务平台安全专项检查工作的通知》
共享金融	2018 年 8 月	国家 P2P 网络借贷风险专项整治工作领导小组办公室	《关于开展 P2P 网络借贷机构合规检查工作的通知》及作为附件的《网络借贷信息中介机构合规检查问题清单》
在线外卖	2018 年 1 月	国家食品药品监督管理总局	《网络餐饮服务食品安全监督管理办法》
	2018 年 7 月	国家市场监督管理总局	《餐饮服务食品安全操作规范》
互联网医疗	2018 年 4 月	国务院办公厅	《关于促进“互联网+医疗健康”发展的意见》
	2018 年 7 月	国家卫生健康委员会和国家中医药管理局	《互联网诊疗管理办法（试行）》
			《互联网医院管理办法（试行）》
			《远程医疗服务管理规范（试行）》
网络内容	2018 年 2 月	中央网络安全和信息化委员会办公室	《微博客信息服务管理规定》
	2018 年 8 月	全国“扫黄打非”办公室联合多部门	《关于加强网络直播服务管理工作的通知》

在网约车领域，自 2016 年 8 月中央有关部门出台网约车新政以来，地方监管部门就一直围绕新政确立的网约车管理办法，根据本地实际情况制定实施细则。截至 2018 年 7 月，全国有 4 个直辖市和 206 个地级市出台了网约车管理办法的实施细则，地级以上城市覆盖率超过 60%。2018 年 6 月，交通运输部修订发布了《出租汽车服务质量信誉考核办法》，在对传统出租车服务质量进行考核的基础上又增加了对网约车的考核，对网约车平台企业、车辆、驾驶员的准入和服务提出了严格要求。2018 年 9 月，交通运输部和公安部联合发布《关于进一步加强网络预约出租汽车和私人小客车合乘安全管理的紧急通知》，要求全面清退不符合条件的车辆和驾驶员，实现网约车平台公司、车辆和驾驶员合规化。中央有关部门的新政及各地实施细则的

出台，标志着我国网约车监管的法规框架趋于完整，也标志着网约车领域与传统出租车一样，基本确立了属地化为主的监管体系。

在共享金融领域，2018 年 8 月，国家 P2P 网络借贷风险专项整治工作领导小组办公室发布《关于开展 P2P 网络借贷机构合规检查工作的通知》及作为附件的《网络借贷信息中介机构合规检查问题清单》（被行业统称为“网贷 108 条”），要求于 2018 年年底前完成对网贷平台的合规审查，涉及是否从事信用中介业务、是否有资金池、是否变相融资等 10 个方面的重点内容。

在餐饮外卖领域，自 2015 年 4 月出台的《中华人民共和国食品安全法》、2016 年 7 月实施的《网络食品安全违法行为查处办法》将餐饮外卖纳入监管范畴以来，各地方监管部门又相继出台了针对网络食品交易平台的监管办法，强化第三方平台提供者和入网食品生产经营者的义务和责任。自 2018 年 1 月 1 日起正式实施的《网络餐饮服务食品安全监督管理办法》，不仅细化了对网络平台、入网餐饮经营者和送餐人员的要求，还参照线下餐饮管理办法，强调入网餐饮经营者应当具有实体经营门店，并依法取得食品经营的各种许可。2018 年 7 月，国家市场监督管理总局发布新修订的《餐饮服务食品安全操作规范》，对餐饮外卖平台、外卖骑手及外卖箱包做出进一步规范要求。

在医疗领域，2018 年 4 月国务院办公厅印发的《关于促进“互联网+医疗健康”发展的意见》提出，“支持符合条件的第三方机构，搭建互联网信息平台，开展远程医疗”，鼓励发展“在线提供健康咨询、预约转诊、慢性病随访、健康管理”等业务，这标志着以共享医疗为代表的互联网医疗获得了合法地位。2018 年 7 月，国家卫生健康委员会和国家中医药管理局印发了《互联网诊疗管理办法（试行）》《互联网医院管理办法（试行）》《远程医疗服务管理规范（试行）》3 份文件，围绕如何进一步规范互联网诊疗行为做出了部署，明确互联网平台只能进行复诊活动，对互联网医院及提供互联网诊疗服务的医师实行准入管理，并明确要求互联网医院必须依托实体医疗机构。广东、安徽、四川、河北、宁夏和甘肃等地卫生管理部门也出台了促进和规范互联网医疗发展的政策。

在内容共享领域，2018 年 2 月中央网络安全和信息化委员会办公室发布《微博客信息服务管理规定》，对近年来广为流行的微博客平台的服务许可、内容安全管理的主体责任、服务使用者登记认证等提出了具体要求。2018 年 8 月，全国“扫黄打非”办公室联合多部门印发《关于加强网络直播服务管理工作的通知》，进一步加强网络直播服务许可、备案管理，开展存量违规网络直播服务清理，建立健全监管机制。

此外，在共享住宿领域，有些地方政府部门按照传统民宿的消防、卫生、安全、建筑标准和服务规范等要求，将共享住宿纳入相关管理办法。

3. 强化政策落地和实施

制定和完善政策法规是共享经济依法监管的一个重要方面，更为重要的是将相关政策法规落地实施，使共享经济平台运营走向规范化，以更好地保障各利益相关方的权益。

在网约车领域，部分城市以查处非法运营车辆和人员为重点，推动网约车合规工作。2018 年上海市公安部门会同交通执法部门开展全市网约车联动执法行动 3 次，查处非法客运 200 余起，并派出联合检查组进驻网约车平台开展检查 4 次，督促清退“马甲车”1.3 万余辆，封禁问题账号 4.3 万余个。2018 年 7 月 1 日，《北京市查处非法客运若干规定》开始实施，严肃查处套牌车、“黑出租”和“黑摩的”，以及不符合规定的网约车，明确提出把从事非法客运人员的违法信息纳入本市信用信息系统。实施当天检查车辆 1800 余辆，查扣包括不符合规定的网约车在内的各类违规车辆 54 辆。2018 年上半年，广州市交通执法部门对网约车相关资质进行核查，共查处无证网约车 100 余辆。

在共享单车领域，车辆投放、总量控制、动态监测和运营考核是各地共享单车管理办法落地实施的重点。2018 年，北京、上海、广州、深圳、南京、武汉和成都等主要城市都提出了总量控制的要求，并暂停共享单车的投放。有些地方通过上牌管理、电子档案、监管与服务平台，强化对共享单车的动态监测。深圳、南京、合肥、武汉、成都和威海等城市还开展了共享单车平台运营服务考核工作。

在内容共享领域，有关部门根据新修订的《互联网新闻信息服务管理办法》的要求，切实落实许可管理制度及分级实施办法。截至 2018 年 4 月底，经各级网信部门审批的互联网新闻信息服务单位超过 300 家。同时，根据微博、微信、短视频和网络直播等领域的相关法规，有关部门强化以平台企业主体责任为重点的监管工作，更加清晰地界定平台作为内容把关者的责任，明确提出了平台在内容采编、审核和技术保障方面的要求。

三、成效和影响

在强监管态势下，平台运营合规化取得积极进展，平台安全保障水平进一步提升，资本市场投资趋于理性。

1. 平台运营合规化取得积极进展

合法合规是市场经济活动的底线，也是共享经济发展到现阶段的必然要求。随着相关监管法规的不断完善、落地实施力度的加大及一系列专项整治行动的开展，共享经济平台合规运营水平明显提升。

在网约车领域，平台的经营资质、车辆和人员的营运资质是合规的三大重点。按照各地网约车管理办法实施细则的要求，平台企业积极开展合规工作。截至 2018 年 7 月，全国共有 78 家网约车平台在不同城市获得经营许可证；有 34 万人取得了网约车驾驶员资格，较 2017 年年底增加了 11 万人；有 17 万辆车取得了网约车运营证，较 2017 年年底增加了 3 万辆。对不符合要求的人员和车辆，平台企业也在有序清退。截至 2018 年 11 月，易到平台共清退车辆 11.8 万辆。

在共享金融领域，网贷平台合规和备案是 2018 年监管工作的重中之重。截至 2018 年 6 月底，全国有 1610 家 P2P 网贷平台直接与银行对接进行资金存管。2018 年下半年，根据“网贷 108 条”要求所开展的合规审查工作和数据采集取得积极进展，为行业全面合规和分类管理奠定了基础。

在共享住宿领域，平台企业不断加强行业自律。2018 年 11 月，首个行业自律标准《共享住宿服务规范》出台，就平台企业的全流程运营和管理、房东的服务及房客行为等提出了具体要求，小猪平台、爱彼迎中国、途家和榛果民宿 4 家行业领先企业承诺将切实履行规范。平台企业都在积极按照地方相关部门要求，开展合规化运营。

在内容共享领域，通过一系列专项整治行动和服务资质的审核，平台企业主体责任进一步落实，微信、微博、短视频、新闻自媒体、网络直播和网络版权等重点领域乱象得到有效遏制，平台在传递正能量、打造清朗的网络空间等方面的作用更加凸显。

2. 安全保障水平大幅提升

没有安全保障，就没有共享经济的未来。随着以安全整治为重点的专项行动及合规化工作的开展，平台企业的安全意识进一步增强，整体的安全保障水平大幅提升。

网约车出行安全是 2018 年社会关注的焦点之一。在安全专项检查行动的推动下，平台企业一改过去盲目追求规模和增长的发展模式，全面树立用户安全至上的发展理念，并将安全作为考核体系的核心指标，加大平台资源向安全保障系统倾斜的力度。根据整改要求，滴滴平台对产品安全功能进行整体升级，采取了一系列安全举措：升级一键报警、行程分享等功能，在网约车业务中（快车、优享专车等）试运行全程录音功能，对平台司机进行安全培训，清理“人车不符”的车辆和司机，扩大客服团队，等等。同时还与公安部门合作建立用户安全保护机制，各地公安部门的依法调证需求得到高效响应，警方自助查询系统正式启动。

网约车安全专项整治行动的影响不仅体现在网约车领域，也对共享经济其他领域产生了极强的警示和示范作用，安全保障成为企业运营关注的重点。

在共享住宿领域，平台企业积极利用物联网、生物识别和人工智能等技术，提升民宿短租的用户体验与安全性。2018 年小猪平台加快智能烟雾报警器、燃气报警器和智能电表等设备的安装落地工作，进一步升级了智能门锁的安全技术，并嵌入人脸扫描与身份信息比对系统，实现了“人证”统一。

在外卖领域，平台企业积极加强入驻商户审核与检查，取缔下线违规餐厅，设立食品安全专项基金用于网络食品安全风险监测，确保外卖食品加工环节安全。同时，平台还积极推进外卖食品配送环节安全保障。2018 年上半年上海质量技术监督局组织有关部门，联合饿了么、百度外卖和美团外卖送餐平台共同制定外卖餐盒团体标准，要求外卖行业采用生产技术较为成熟的淋膜纸碗代替塑料送餐盒，保证送餐质量。

3. 资本市场投资意愿下滑

资本市场是共享经济发展的晴雨表。受经济下行和金融市场稳定压力加大的双重影响，加之相关部门对共享经济的强监管，2018 年资本市场和投资者对共享经济发展的预期调低，投资意愿下滑，投资者更加注重企业价值、盈利能力及商业模式的可持续性。相对于之前资本市场的过热和“烧钱”行为，投资者行为更趋理性。

从资本市场表现来看，2018 年共享经济领域融资规模为 1788 亿元，较 2017 年大幅下降了 17.3%。同时，随着投资向头部企业的倾斜和集中，初创和小微企业的融资面临更大困难，从而对共享经济的创新创业活动和长期发展产生不利影响。

在投融资下滑的同时，资本市场对共享经济领域平台企业的估值也出现了明显下调，部分企业上市推迟。此外，强监管也使得投资者面对的政策风险和不确定性进一步加大。

四、五大挑战

我国正掀起一场全民参与的共享经济发展浪潮，新业态、新模式不断涌现，已成为全球共享经济创新发展的主阵地和示范区，共享经济在经济社会发展中的“生力军”作用越来越明显。但是，共享经济仍然面临一些发展中的问题，其创新过程也有不少新的挑战。

1. 监管制度如何进一步创新

2018 年我国在共享经济监管方面做了大量的探索和创新，制度化的监管框架开始建立，平台企业主体责任进一步强化。但是，面向未来看，共享经济监管创新仍面临不少挑战。

一是长效化监管机制建设任重道远。作为一种新业态，当前共享经济主要领域都不同程度地出现了问题集中爆发的现象，采取集中式专项整治行动是十分必要的，也取得了立竿见影的效果。但从长期来看，共享经济的可持续发展更加依赖于制度化、法治化和长效化的协同监管机制。

二是共享经济企业注册地与经营范围之间的矛盾突出。目前许多领域新出台的监管制度多数都具有明显的属地化特点，共享经济活动大多涉及线上线下的协调互动，属地化管理有其必要性，但是多层级的监管体系与平台企业“一点运营、服务全国”的网络化特点相冲突，并存在合规要求层层加码、自由裁量权过大的潜在风险，也容易导致企业合规与运营成本大幅上升。

三是过于严格的服务准入许可条件导致大量的共享服务提供者不合法、不合规，如何在安全与效率、共享业态与传统业态公平竞争之间保持平衡，是监管面临的一个很大挑战。

2. 政府与平台企业之间的数据共享水平急须提高

信息技术的广泛应用产生了海量数据，这些数据是共享经济模式下实现供需匹配、加强交易安全和信用保障、完善平台治理等不可或缺的支撑。

从企业发展的角度看，平台企业内部治理极大地依赖于用户身份、信用等政府公共数据的支撑，但目前这些关键信息的开放程度很低，平台企业获取数据的渠道少、成本高，信用信息的缺乏严重影响着以信任为前提的共享经济的发展。政府部门在日常行政活动中还采集和储存了大量不涉及个人与国家安全的公共数据，这些数据由于开放程度低而处于“沉睡”状态，既不利于共享经济企业的业务创新，也严重影响着数据资源向现实生产力转化。

从政府角度看，政府部门要对共享经济平台进行精细化、智能化管理，必须获取平台用户与资源分布、供需状况和交易行为等数据；尤其是在发生重大突发事件时，平台企业掌握的大量反映参与者状况、与用户安全有关的数据，如果不能与政府部门有效共享，势必会造成政府与用户的隔离，从而极大地制约政府的服务效率、协同管理水平和应急响应能力。

共享经济的持续健康发展，急须在政府部门与平台企业之间建立有效的数据共享机制。但在实践中，由于多头管理、跨部门协同障碍及对数据安全的担忧，导致政府与平台企业之间双向的数据共享始终不太畅通，既存在“不知道跟谁对接、怎么对接”的难题，也存在“不愿”“不敢”“不能”对接等问题。

3. 协同治理面临应急处置机制不完善的约束

2018 年上半年发生的滴滴出行安全事件留下的教训是多方面的，其中应急管理机制的严重缺失是最受监管部门和公众关注的一个突出问题。主要表现为：应急预案体系不健全；应急预案的针对性、实用性和可操作性普遍较低；应急管理基础薄弱，应急管理人员、客服人员配备严重不足，相关人员在应急处理能力方面的培训不到位；应急处置效能低下，平台企业与有关部门的联动机制不健全，缺乏明确的、规范的程序性要求，导致应急事件反应处理不及时。

滴滴出行安全事件反映的应急处置机制不完善问题，具有广泛的警示作用。在共享汽车、P2P 网贷、共享住宿和在线外卖等其他领域，也可能会出现类似突发事件。树立用户安全至上的发展理念，加强平台企业与政府之间的数据共享，建立应急管理体系，建立和完善平台企业与政府部门联动的应急处置机制，都是实现协同治理需要切实解决的问题。

4. 平台算法监管成为新难题

平台算法是实现供需信息快速精确匹配及服务定价的主要技术手段，高效、便捷的算法不仅能够满足人们多元化、个性化和动态化的需求，也能大大降低交易成本，提升平台运营效率。但是，平台算法也带来了诸多问题，越来越成为公众关注的焦点，也成为监管面临的一个新难题。

因平台算法而引发的问题主要有两点。一是平台企业定价机制和供需匹配规则不透明，导致人们对大数据“杀熟”的质疑。基于用户注册及个人信息、地理位置、消费记录、搜索习惯等行为数据，平台企业能够针对不同的用户形成独特的用户画像。这一画像有助于平台企业为用户提供精准的个性化服务，但也埋下了大数据“杀熟”的潜在风险。针对新老用户或不同消费习惯的用户，一些平台企业提供的同一产品或服务，存在较为严重的价格歧视现象，引发广泛争议。二是内容共享平台算法存在的问题。对内容共享平台而言，算法不仅是一种技术，也涉及价值观和导向。部分平台的算法过度追求流量获取，并存在取悦用户低级趣味的倾向，导致劣币驱逐良币，致使大量恶劣低俗、甚至价值导向严重错乱的内容被大规模定向推送，严重影响社会正能量和核心价值观的传播。

平台算法的监管是政府部门面临的一个新挑战。这个挑战不仅因为算法的隐蔽性、多变性及高度的技术复杂性，也因为缺乏可遵从的相关法规、技术和专业人员。提高平台算法的透明度，保障用户知情权和自主选择权利，不断完善算法监管机制，不仅有助于约束平台企业的不正当竞争行为，也有助于实现技术创新的商业价值与社会价值的良性互动。

5. 平台企业如何更好地履行社会责任

共享经济本身具有调动全社会资源为全社会服务的特点，因此，共享经济平台的社会参与性更广，具有天生的社会化企业基因，外部效应更加明显，平台企业的准公共品的属性更加突出，应当承担更多的社会责任，使技术创新更好地服务社会和造福人类。过去几年，在共享经济发展过程中，企业通过提供创新性的商品和服务，在推动社会绿色发展和包容性发展，推动社会信用体系建设乃至社会文明进步等方面的作用都日益显现。

但在实践中仍然存在因过度追求增长速度和商业利润而忽视企业社会责任的现象，甚至一些行业领先企业，也并未充分认识到实现企业社会价值的重要性。侵犯消费者权益、破坏市场竞争秩序、提供劣质产品和服务、传播不良内容、侵犯用户隐私等现象时有发生，甚至造成了较为恶劣的社会影响，极大地影响着市场秩序和公众对于共享经济新业态发展的信心。

五、五大趋势

2019 年政府工作报告中提出，“坚持包容审慎监管，支持新业态新模式发展，促进平台经济、共享经济健康成长。”这是共享经济连续第 5 年出现在政府工作报告中。比较历年政府工作报告中的表述不难发现，2019 年的政府报告一方面延续了过去的“支持新业态新模式发展”的提法，另一方面又着重突出了“包容审慎监管”和“健康成长”。

从宏观政策层面看，我国对共享经济新业态、新模式的支持态度没有改变，共享经济将继续在推动新旧动能转换、培育经济新增长点方面发挥作用。与此同时，在新业态发展过程中存在的问题已经引起关注，甚至已经影响到了其健康成长，因此强监管态势不会放松，但监管的基本原则仍然是“包容审慎”。

专栏

历年政府工作报告中关于共享经济的提法

坚持包容审慎监管，支持新业态新模式发展，促进平台经济、共享经济健康成长。(2019 年)

高铁网络、电子商务、移动支付、共享经济等引领世界潮流。(2018 年)

发展平台经济、共享经济，形成线上线下结合、产学研用协同、大中小企业融合的创新创业格局，打造“双创”升级版。(2018 年)

> 要推动新技术、新产业、新业态加快成长，以体制机制创新促进分享经济发展，建设共享平台，做大高技术产业、现代服务业等新兴产业集群，打造动力强劲的新引擎。(2017 年)
>
> 支持分享经济发展，提高资源利用效率，让更多人参与进来、富裕起来。(2016 年)

1. 共享经济将在转型过程中稳步成长

借鉴罗杰斯的创新扩散理论和弗农的产品生命周期理论，我们可以将共享经济发展大体上划分为起步期、转型期、成长期和成熟期 4 个发展阶段。起步期也称为导入期，个别领域开始出现共享经济原型，共享经济概念开始确立，监管政策总体上处于观望阶段；转型期也称为过渡期，部分领域共享经济平台迅速扩张，但技术、模式、理论和政策都存在诸多不确定性；成长期也称为加速期，共享经济的技术商业模式逐步得到市场认可，对各领域的渗透速度加快，参与者大量增加，不同领域的监管政策陆续出台；成熟期也称为稳定期，共享经济模式得到广泛应用，理论和政策基本定型。在不同发展阶段，共享经济会有不同的表现，认知和监管会面临不同的问题。无论从全球还是我国的实践看，目前共享经济总体上都正处在从起步期向成长期加速转型的阶段。在这个阶段，共享经济发展速度快、创新多、问题多、争议大。

2019 年，国际国内宏观经济将进一步放缓，资本市场更趋于理性和谨慎，就业、收入和人们的消费都面临更大压力，共享经济发展面临一定的不确定性和更加严峻的外部环境。但是，从共享经济自身发展看，依然有很多有利因素：为了应对经济下行压力，为经济增长提供新动能，有关部门在监管上将更加倾向于“包容审慎、鼓励创新”

的政策导向；为了应对就业、收入和消费的压力，公众将会更加积极地参与共享经济活动，以获取更多的收入和就业机会；共享经济商业模式更加成熟，协同治理体系更趋完善，平台合规化水平大幅提升，也是共享经济持续稳步发展的重要保障。预计未来 3 年，共享经济增速仍将保持 30%以上。

2．产能共享有望成为推进我国制造业转型升级的重要抓手

中央经济工作会议提出，要推进“中国制造向中国创造转变，中国速度向中国质量转变，制造大国向制造强国转变”，产能共享为实现上述任务目标提供了抓手、路径和动力。尽管由于制造业本身产业链复杂，加上我国制造业技术基础薄弱等因素，我国制造业产能共享仍处于起步期，但近年来我国出台了深化制造业与互联网融合发展、深化“互联网+先进制造业”发展工业互联网等相关文件，产能共享的政策引导和支撑力度不断加大。

产能共享融合了制造业大国和互联网大国两大优势，通过提升资源利用效率、重构供需结构和产业组织、为中小微企业赋能，可以形成叠加效应、聚合效应和倍增效应。2018 年 11 月，工业和信息化部、国家发展和改革委员会等部门联合发出通知，“鼓励大企业利用‘互联网+’等手段，搭建线上线下相结合的大中小企业创新协同、产能共享、供应链互通的新型产业创新生态，促进生产制造领域共享经济新模式新业态发展，重构产业组织模式，推动中小企业高质量发展，降低自身创新转型成本，形成融通发展的格局。”

从实践层面看，一批产能共享平台已经快速成为新型的网络化产业集群，其能量、体量、动员能力和影响力远非那些有围墙的、有地域限制的实体产业园和区域产业集群可以匹敌。未来，随着制造业数

字化、网络化和智能化水平的不断提升，产能共享在激发“双创”、培育新模式和推进供给侧结构性改革方面的作用将更加凸显。

3. 共享经济在稳就业和促消费方面的潜力进一步释放

2018 年相关部门出台的关于稳定和扩大就业、激发居民消费潜力等政策文件中，都提出要进一步发展共享经济，通过发展新业态、新动能来稳就业和促消费的政策导向已经明确。

在稳定和扩大就业方面，共享经济的快速发展不仅创造了大量新的就业岗位，还在改变着传统的就业方式，创造了庞大的灵活就业机会。人们可以根据自己的兴趣、技能、时间和拥有的资源，以自雇型劳动者身份参与到共享经济活动中。灵活就业机会和收入渠道将随着共享经济的发展而显著增加，共享经济在就业方面的“蓄水池”和“稳定器”的作用将日益凸显。

在激发居民消费潜力方面，近年来我国教育、文化娱乐、医疗保健和交通通信等服务业消费占比增长较快，居民开始追求更高质量的消费体验，共享经济在这些领域也呈现出加速发展态势。共享经济的发展意味着内容更加丰富、体验更加个性化和便捷化的服务供给，这使得在传统服务模式下难以满足的需求得到进一步满足，并且不断地激发出新的需求。随着人们消费理念的转变和对美好生活的追求，共享服务将持续向主要生活领域加速渗透，成为促消费的重要力量。

4. 人工智能等新技术应用步伐加快

作为新一代信息技术中最具代表性的前沿技术，人工智能在出行、住宿和医疗等共享经济主要领域有着巨大的应用潜力和发展前景，尤其是在身份核验、内容治理、辅助决策、风险防控、服务评价、网络与信息安全监管等方面，人工智能技术应用步伐将不断加快。

在共享出行领域，人工智能技术的创新应用将围绕各类出行场景展开，无人驾驶成为最重要的发展方向和技术应用场景。基于大数据和人工智能算法分析，无人驾驶的发展将推动共享出行从“人找车”变为“车找人”，也有助于城市交通部门更精准地进行路况预测和疏导，提升城市出行系统效率，改善人们的出行质量。在共享住宿和共享金融等领域，以生物识别为主的人工智能技术将成为身份核验、风险防控的重要手段。在共享医疗领域，以图像识别、大数据处理和深度学习等为代表的人工智能技术，在诊断治疗、病理切片分析、远程医疗、全科医生辅助服务和医护人员培训等方面，日益成为医生和医疗服务的重要助手。

此外，5G、区块链等技术的发展和创新应用，都将成为共享经济未来发展新的驱动力和强大支撑。

5. 合规化和标准化建设将加速推进

随着 2018 年各项整治行动和监管措施的延续，以及《中华人民共和国电子商务法》在 2019 年 1 月 1 日的正式实施，共享经济领域仍将延续强监管的态势。作为创新异常活跃和新业态不断出现的领域，共享经济必然面临各种新问题、新挑战和新要求，适时出台新的监管法规和政策是客观要求。与此同时，各级相关部门将根据《中华人民共和国电子商务法》及其他专项法规和政策的要求，针对出行、内容、住宿、医疗和金融等重点共享活动领域，围绕服务者资质和许可、服务规范、安全和应急保障等，开展合规化管理。

共享经济的健康、良性发展既需要推进平台的合规化，也需要加强行业自律和标准化体系建设。共享经济在经历了多年发展之后，全面推进标准化体系建设的条件基本具备。一方面，虽然传统的线下业态服务标准已经比较完善，但这些标准很难直接应用到线上平台，急须制定适应共享经济特点的各项服务标准；另一方面，许多发展较快的领域和龙头企业，在实践过程中积累了大量的经验，其商业和运营模式也趋于成熟，为制定行业标准提供了坚实的基础。未来，共享住宿、共享医疗、在线外卖、共享办公和众创平台等都有望出台行业性服务标准和规范。

六、五点建议

当前大多数共享经济领域还处于边探索、边发展的"摸石头过河"阶段，对于部分领域暴露出的一些问题，应辩证看待、理性分析，要因势利导、趋利避害，在发展中解决前进中的问题。需要从多个方面采取措施，形成合力，提高共享经济治理水平，以良法善治促进共享经济健康发展。

1. 切实秉持包容审慎监管理念，探索建立鼓励创新的试错容错机制

共享经济在我国乃至全球的发展刚刚起步，公众和地方政府部门对发展共享经济的重要意义及其发展规律的认识尚不充分。在实践中，仍存在地方政府习惯用旧理念、旧政策来管理新业态、新模式等现象。有些监管措施不够包容，不是从经济社会发展大局出发，不是从市场实际情况出发，不是从满足人民日益增长的美好生活需要出

发，而是从部门和集团利益出发。有些监管措施保护了旧业态而扼杀了企业创新和市场活力，导致新动能发展受阻；有些监管措施不够审慎，缺乏对行业发展的准确把握和判断。因此，要充分认识共享经济对释放创新活力、拉动内需增长、激活资源效能等方面的重要作用，只要不违反法律法规、不触及安全底线、不损害公众利益，就本着鼓励创新原则，为其成长留下足够空间。审慎出台监管措施，开展认真研究论证，广泛征求平台企业、社会公众等利益相关方的意见建议，既防止其不良行为，又引导其健康规范发展。支持地方结合本地实际研究制定鼓励共享经济发展的政策体系；支持有条件的地方先行先试，探索建立共享经济领域创新改革的容错纠错机制和实施细则。

2．放宽资源提供者的市场准入条件，加强事中、事后监管

共享经济的典型特征是大众创新、全民参与，充分提高社会闲置资源和优质资源的利用效率，让参与各方受益，并为经济社会发展创造更大价值。在我国全面深化“放管服”改革的大背景下，共享经济领域仍存在管得太死甚至变相增加审批和资质限制等现象，有些制度措施不仅没有让企业和群众有更多的获得感，甚至增加了企业负担，也在一定程度上出现了权力寻租现象。因此急须树立良法善治的理念，进一步清理制约共享经济创新发展的行政许可等事项，抓紧修订已经明显不适合其发展的法规和制度，研究制定以保障用户安全为底线的市场准入政策。通过对平台的算法类规则、消费者权益保护类规则等的审查与监督，加强事中监管；通过加大依法监管执行力度、完善奖惩结合的事后处置制度、完善投诉处理机制等，加强事后监管。适时成立国家级共享经济自律组织，引导和强化行业自律。

3. 建立和完善政府部门与平台企业之间的双向数据共享机制和协同治理机制

政府和平台企业之间数据共享不充分，既不利于数据资源向现实生产力转化，也不利于平台企业治理机制的完善，更是政府与平台企业实现有效协同治理的一个重要瓶颈。需要大力推进政府数据开放，优先推动信用、身份、司法与经营许可和资质相关数据的开放共享，为企业强化平台治理提供支撑。建立和完善平台企业相关数据的定期报送和共享机制，明确数据报送和共享的范围、标准等具体要求，为政府监管提供数据支撑，并充分利用互联网信用数据补充完善现有征信体系。加强个人信息保护和网络信息安全监管。

4. 建立和完善突发事件的应急处置机制

应急处置机制不完善是制约政府部门和平台企业协同治理的重要因素之一。需要明确共享经济平台企业在建立健全应急预案体系、应急管理基础建设、应急管理人员和客服人员配置及培训等方面的责任和具体要求，建立和完善平台企业与相关部门的应急联动机制，明确突发事件发生时政府和平台企业联动协同的规范和程序性要求，切实提高政府公共安全保障和处置突发性事件的能力。

5. 加快修订相关法律法规，加强共享经济统计与监测

法律法规是共享经济事中、事后监管的重要依据。我国当前的经济管理制度和产业政策主要建立在工业文明的基础上，管理方式具有集中管理、层级管理、按区域和条块分割等特点。相对来说，共享经济具有去中心化、跨区域和跨行业的特征，现有监管制度尚不健全，

难以完全适用。有些传统的管理方式和行业许可制度制约了新业态的发展，如网约车、远程医疗、在线教育和民宿等共享经济新业态，仍存在诸多政策障碍。有些新兴领域存在制度空白，现行的《中华人民共和国反垄断法》对平台经济市场势力的界定缺乏足够的法律依据；现行的《中华人民共和国劳动法》也不适应在共享经济中大量出现的灵活就业，缺乏关于劳动者权益和社会保障等条款。在统计监测方面，尚缺乏与共享经济相适应的行业分类体系和标准的统计指标体系。因此，需要抓紧研究和加快修订适应共享经济新业态的相关法律法规；研究明确共享经济统计范围和统计口径，创新统计调查和动态监测方法，全面反映共享经济发展状况，不断提高共享经济治理的制度供给水平。

下篇

共享经济：九大领域“面面观”

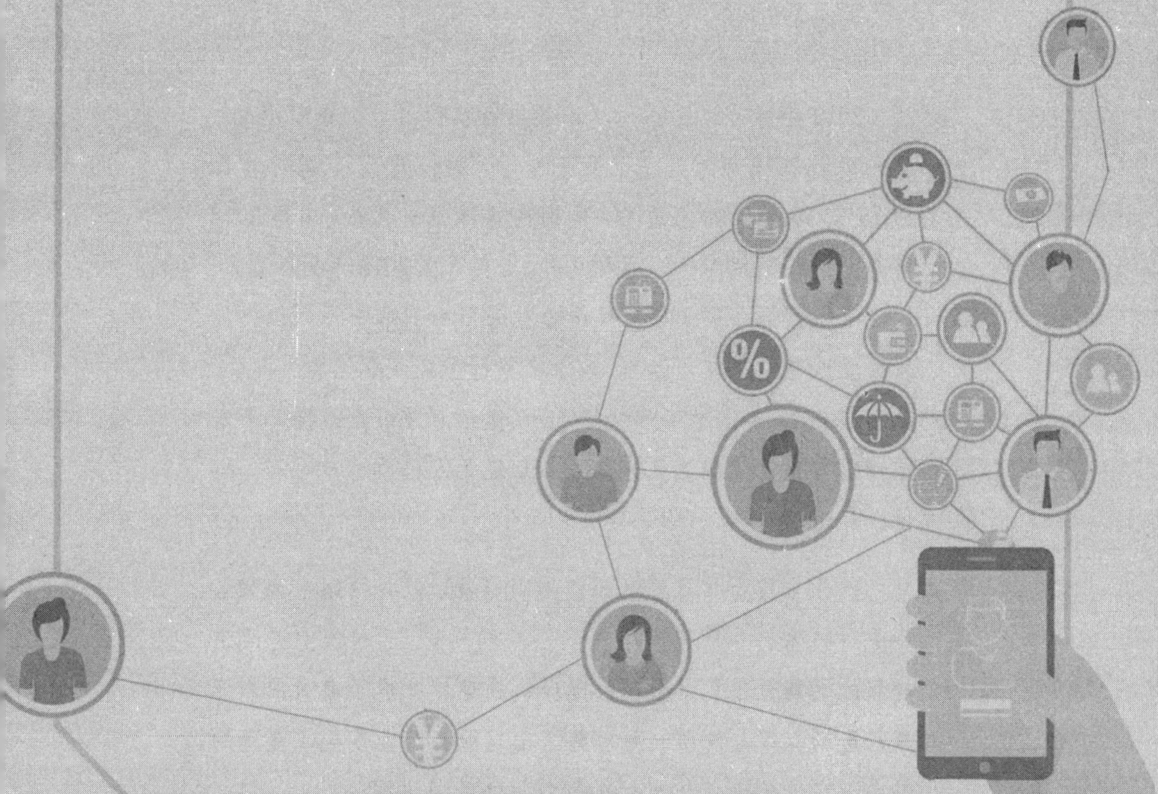

CHAPTER 01

网约车：风口浪尖上前行

2019 年春节过后不久，滴滴出行就传出一则重磅消息：公司将于 2019 年对非主营业务进行“关停并转”，整体裁员约 15%，涉及 2000 人左右。同时有媒体报道，滴滴出行 2018 年全面亏损高达 109 亿元人民币。其实早在 2018 年 9 月 7 日，滴滴出行创始人兼 CEO 程维曾在公司内部信中提到，公司自成立以来从未实现盈利，6 年来累计亏损 390 亿元人民币，其中仅 2018 年上半年就亏损了 40 亿元人民币。这样算下来滴滴出行累计亏损额已经超过 450 亿元人民币。一时间，舆论一片哗然。

网约车作为共享经济时代的新事物，依托网络平台和各种先进技术，在国家大力倡导“互联网+”对传统业态改造升级的大背景下，在面世后以极快的速度完成了海量用户积累、市场竞争与洗牌，并对整个出行服务行业产生了显著的鲶鱼效应，倒逼传统出租车行业加快改革进程。

作为行业领先企业，滴滴出行也是一路高歌，从市场规模到公司估值，都创造了惊人的发展速度，成为我国规模最大的网约车平台公司。《滴滴程维：在巨头阴影中前行》一书中曾有这样的描述：“速度秒杀，就是不断加快发展速度，迅速覆盖全国市场，拓展多业务线，秒杀一个又一个竞争对手，奠定行业老大的地位。”2012 年成立以来，滴滴出行融资超过 200 亿美元。2018 年 4 月，《华尔街日报》称滴滴出行正在考虑年内上市，希望能至少达到 700 亿～800 亿美元的估值。

但 2018 年上半年连续发生的两起“顺风车”刑事案件，将一直处于高速发展中的滴滴出行推向了风口浪尖。社会舆论的抨击和压力以及交通运输部等监管部门联合进驻式检查，前所未有的“强监管”使得滴滴出行不得不调整其原有计划，多条业务线的扩张被暂停，顺风车服务无期限下线，并开展组织架构调整和多业务整合。

2018 年面临严峻考验的，不仅仅是滴滴出行，而是整个网约车行业。如何界定和压实平台企业主体责任，企业如何在实现商业利益与社会价值之间保持平衡，成为各界关注的焦点。从政府监管的角度看，过于严格的准入条件导致实践中大量的市场主体不合规，也是当前备受争议之处。要在保障安全和行业健康发展的同时，为新业态提供良好的发展环境，无疑需要更大的智慧。

一、安全事件引发行业强监管

连续发生两起顺风车相关的重大刑事案件，引发了网约车行业全面整改和相关部门的强监管。

从政府层面看，相关部门通过开展行业安全专项检查工作，进一步加大了对网约车的监管力度。

2018 年 9 月 5 日起，针对上半年网约车出现的重大安全事件，由交通运输新业态协同监管部际联席会议相关成员单位和应急管理部等组成的网约车、顺风车安全专项工作检查组，陆续进驻滴滴出行、首汽约车、神州专车、曹操专车、易到用车、美团出行、嘀嗒出行和高德地图等网约车和顺风车平台公司，开展安全专项检查。9 月 10 日，交通运输部、公安部联合发布了《关于进一步加强网络预约出租汽车和私人小客车合乘安全管理的紧急通知》，要求加强网约车和顺风车司机的背景核查，12 月 31 日前全面清退不符合条件的车辆和驾驶员，实现网约车平台公司、车辆和驾驶员合规化。

11 月 28 日，交通运输新业态协同监管部际联席会议通报了网约车、顺风车进驻式安全检查的有关情况。滴滴出行主要存在七个方面的问题：一是顺风车产品存在重大安全隐患，二是安全生产主体责任落实不到位，三是网约车非法运营问题突出，四是应急管理基础薄弱且效能低下，五是社会稳定风险突出，六是公共安全问题隐患较大，七是互联网信息安全存在风险隐患。对于其他七家平台公司，检查发现的主要问题包括：一是网约车合规率仍有不足，二是安全生产管理急需增强，三是公共安全防范存在不足，四是互联网信息安全存在风险隐患，五是部分产品资金结算模式不合规，存在资金安全风险。根据检查发现的问题，联合检查组对滴滴出行提出了七个方面的整改要求，同时也对其他七家平台提出了四个方面的整改要求。

从企业层面看，在深刻反思和吸取顺风车重大安全事故教训后，安全成为各网约车平台的重中之重。为保障用户出行安全和参与各方的合法权益，滴滴出行采取了一系列安全整治措施。

一是平台技术和功能升级，具体包括：9 月 8 日起，乘客端 App 原“紧急求助”功能升级为“一键报警”，司机端 App 上线“一键报警”功能；乘客端上线“安全中心”快速入口，方便用户快速使用一键报警、行程分享等功能；乘客 App 端陆续提示添加紧急联系人，有助于亲友在需要时与警方迅速联动并及时获取行程信息；乘客端 App 个人中心上线“安全”频道，用户可以查看安全出行指南及各项安全功能的详细说明；乘客端 App 上线“未成年人乘坐滴滴需由监护人陪同”（包括代叫车）的提示。9 月 27 日司机端 App 上线紧急联系人功能，快车（含拼车、优步及优享）、专车及豪华车司机可使用；在加密保存数据、保障司乘隐私的前提下，在网约车业务中（快车、优享、专车等）试运行全程录音等功能，此外司机端 App 上线防疲劳驾驶功能。系统触发后，司机必须休息后才能继续提供服务。

二是强化接入平台司机群体的审核和培训，具体包括：在 5 月份启动的人车不符清理计划基础上，持续面向司机进行安全审核，要求无犯罪记录，通过“三证”验真（身份证、驾驶证及行驶证），每天出车前通过人脸识别后才能接单；升级全平台司机安全培训计划，司机 App 端强化安全提示，并在每日出车前进行安全知识考核，司机通过后方可接单等。9 月 27 日起在司机接单间隙随机抽查，通过人脸识别验证后才能继续接单。

三是进一步加强客户服务。滴滴出行 8 月份日均客服咨询及投诉进线 212 万通，其中智能处理 151 万通，年底自建客服团队约 8000 人，持续建设安全高级客服团队。

四是加强平台与公安等部门的联动，建立和完善应急处置机制。滴滴出行客服部门成立警方调证专项工作对接组，9 月 30 日起警方调证流程将在符合法律法规的前提下进一步加速。

五是广泛听取全社会意见建议，接受公众监督。滴滴出行 App、官方网站、微博、微信公众号等平台均上线意见建议通道，并持续向公众公开回复。通道开通前三天就收到意见和建议 69301 条（包括英文用户的 111 条）。

从平台自纠自查实施效果看，新版“一键报警”上线后，平均每天有 18 万人进入该页面，其中 99%以上的用户以了解功能为主，实际拨打 110 用户的数量为个位数。全程录音功能自 9 月 8 日起试运行，录音文件直接加密保存，保障司乘隐私，无行程纠纷的话将于 7 天后自动删除。录音功能试运行后，不仅对潜在的言语性骚扰及不文明行为起到震慑作用，同时也有利于公正解决司乘纠纷。到 9 月 14 日为止录音功能已覆盖全部订单的 78.9%。9 月 4～14 日，共有 698 万名乘客添加了紧急联系人，滴滴出行客服部门的重大安全客服人数增加 3 倍。乘客端 App 个人中心安全频道上线前 10 天的总浏览量已超过 1000 万人次。

2019 年春运期间，滴滴顺风车服务仍处于下线状态。嘀嗒出行宣布推出包括加强车主审核、安全护航等在内的“八大安全举措”，哈啰出行从产品定位上杜绝了顺风车业务的相关社交功能，在安全保障方面做了一系列规范和专业技术设定。

二、入局者众多仍难消垄断疑虑

自 2016 年 8 月滴滴合并优步中国以后，我国网约车市场就呈现出一家独大的竞争格局。有研究显示，2017 年滴滴出行以 58.6%的渗透率位居各平台之首，远超其他网约车平台（首汽约车 2.6%、神州专车 2.2%、易到用车 1.6%、曹操专车 1.3%）[①]。

巨大的市场需求也在吸引着更多的新进入者。据普华永道推算，仅在欧美和我国，出行服务的市场规模到 2030 年就有望达到 1.5 万亿美元（约合 10.2 万亿元人民币）。新进入者中既有一些互联网巨头企业，也有传统的整车企业和新造车势力企业。

美团的打车业务最早于 2017 年在南京开启测试，2018 年 3 月 21 日进入上海，同日获得了在杭州市运营的资质，开始进行全国化的布局。据美团披露，其在上海 3 月 21 日当天即获得近 15 万个订单。3 月 22 日，订单量超过 25 万单，司机平均接单时长为 5 秒。在试点城市南京，美团打车的市场份额超过 20%，但进入 2018 年下半年，随着网约车监管的趋严，美团已决定暂时不会进一步拓展网约车业务。

原本专注于地图服务的高德地图于 2018 年 3 月 27 日宣布在成都、武汉两地上线顺风车业务，而且采用了新“玩法”——不以营利为目的，不抽取佣金，甚至还会为用户补贴短信通知、保险等服务费，有望吸引大量用户。但在滴滴顺风车安全事件发生后，8 月 26 日高

①艾媒咨询. 2017—2018 中国网约车行业研究专题报告.

德地图的顺风车业务已经下线。

携程于2018年4月宣布在天津获得《网络预约出租汽车线上服务能力认定》，也进入了共享出行领域。

哈啰单车在2018年9月更名为“哈啰出行”，开始实施品牌升级战略；11月哈啰出行宣布上线打车入口，推出了网约出租车业务，并且还宣布联合首汽约车、嘀嗒出行和高德地图等多家出行服务商构筑智慧出行平台。

曹操专车则于2019年2月将其品牌和服务全面升级为“曹操出行”，同时全新的本地生活产品“曹操走呗（杭州）”上线试运营，并宣称“更多新产品功能将陆续上线，为智慧交通创造无限可能”，意味着其服务将不再限于原有的专车服务。

拥有汽车制造技术的整车企业，在汽车购置使用成本、车型标准化等方面，有着独特优势，进入共享出行市场的步伐也不断加快。2015年首汽集团旗下首汽约车正式成立，并主打高端市场。同年，吉利集团战略投资的互联网+新能源出行服务平台“曹操专车”正式上线。2017年4月，北汽集团成立了华夏出行有限公司，涵盖汽车租赁、出租车和网约车等多种业务。同年5月，北汽新能源还推出了“轻享出行”共享汽车平台系统。

2018年车企净利润下滑十分明显，同时出行市场却在增长，网约车项目更加引起车企们的关注。8月，长城汽车推出了共享出行业务品牌“欧拉出行”，计划到2020年，自有车辆规模达到20万辆，服务用户1.5亿，覆盖200个城市，市值超过300亿。9月，众泰汽车与福特旗下全资子公司福特智能出行有限责任公司签署合作协议，双方将合作组成众泰福特智能出行科技有限公司；10月24日，戴姆勒与吉利集团（新业务）有限公司宣布，双方将在华组建合资公司，提供高端专车出行服务；11 月 12 日，上汽集团正式宣布开启网约车业务，旗下网约车平台“享道出行”已经开始试运营。此外，中国一汽、长安汽车和东风汽车三方也签署合作协议，计划合资组建 T3 出行服务公司，打造出行领域“国家队”。

尽管网约车市场不断有新入局者，但多数新进入者以区域性或细分市场为重点，如携程专车初期重点聚焦与旅游出行相衔接的接送机等服务市场；新进入的传统车企尽管具备较强的资金实力和产销能力，但与已经在网约车市场深耕多年的滴滴出行相比，在用户数量的积累、基于数据运营的产品和服务设计等方面，仍然存在明显不足。而且，新进入者需要在各城市申请网约车牌照，这些因素都使得网约车市场很难在短时间内形成充分竞争。

网约车平台掌握大量的用户数据，这进一步加剧了平台企业和用户之间的信息不对称，定价机制也不够透明，处于垄断地位的平台企业极有可能会滥用其市场支配地位，影响市场竞争秩序，司机和乘车用户的权益也难以得到保障。

但网约车是一个新兴业态，对于“相关市场”的界定仍存在争议。如果仅从网约车市场判定，滴滴出行毫无疑问占据绝大多数市场份额。如果“相关市场”界定为包括巡游车和网约车的出租车市场，是否涉嫌垄断则需要进一步研究和确认。此外，互联网行业的竞争规律和特点都与传统行业有显著不同，需要在认识新规律的基础上全面分析评估当前网约车市场竞争和行业特点，准确判定是否存在垄断行为，更好地维护市场竞争秩序和保护消费者权益。

三、监管政策创新的挑战

实践表明，出行的安全保障需要政府、平台企业、司机和乘客等多方共同维护。2018 年网约车领域出现的安全事件再次将共享经济平台治理问题推至舆论的风口浪尖。面向未来看，网约车发展还面临着一个需要认真研究的问题：两年前出台并试行的网约车新政，是否需要根据实践发展进行调整？

从 2016 年国务院印发的《关于深化改革推进出租汽车行业健康发展的指导意见》（以下简称《指导意见》），到交通运输部、工业和信息化部等七部委联合发布的《网络预约出租汽车经营服务管理暂行办法》（以下简称《暂行办法》），再到各地方制定的细则，可以看出对网约车的准入限制越来越多。《指导意见》提出要适度发展出租车，按照乘客为本、改革创新、统筹兼顾和依法规范的原则，努力构建多样化、差异化出行服务体系。《暂行办法》则将车辆、司机准入标准交由地方自己制定，并赋予地方对网约车数量控制的权力。而从各地出台的细则看，都大大提高了网约车的准入门槛，基本上是沿用了传统出租车的管理思路。

从各地出台的细则看，市场上大量的车和司机都不合规。如果说市场上绝大多数参与主体（驾驶员和车辆）都不合规，也意味着某些规定本身可能也存在不足，需要修正和完善，以适应市场发展的需要。据天风证券的研究报告显示[①]，在上海已激活的 41 万余名司机中，仅

---

① 宋玮. 滴滴 42 小时：平台、资本、舆论、监管多方角力，网约车巨兽命运何如. 财经，2018（22）.

有不到1万名司机具有上海本地户籍，而北京只有10.7%的司机符合京籍规定。同时一线城市对牌照发放的限制以及限行，将导致非本地车牌很难在当地参与运营。网约车新政下发后，符合或有能力达到新政要求的司机仅占 10.4%左右。在深圳和东莞地区，根据滴滴出行向深圳市政府监管平台传输的网约车数据显示，2018 年 8 月，平台内仍有近5000名驾驶员、近2000台车辆未取得营运证件；而东莞市具备从事网约车从业资质的驾驶员有19492名，取得网约车运输证的车辆仅有5204辆。

在企业出现问题的时候，政府需要加强监管，尤其是在涉及用户安全等问题上，底线要求方面不能含糊，但这并不等于完全回到传统的牌照管制做法。传统出租车的供给远远不能满足市场的要求，如果将网约车、顺风车司机和车辆完全纳入传统出租车管理标准，不仅不能从根本上满足人们安全出行、便捷出行的需求，而且可能大大限制网约车新业态的发展。

四、企业创新如何把握好底线

2018 年连续出现的两起顺风车安全事件，还引发了人们关于顺风车服务创新的思考。

网约顺风车这种创新服务给人们的生活带来的便利是值得充分肯定的。早在 2014 年北京市交通委员会就发文鼓励顺风车、拼车等行为，认为其是缓解交通拥堵、减轻因机动车尾气排放而对大气造成污染的解决办法之一。2015 年交通运输部也明确提出，鼓励以顺风车形式的私家车营运性行为。

滴滴出行瞄准了巨大的出行需求与现实交通拥堵的矛盾和痛点，借助于平台拥有的对相同需求的用户和车之间进行调配的能力，上线了顺风车业务，加上其费用相对较低，在缩短乘客等候时间的同时也节约了打车成本。因此顺风车业务上线初期发展迅速，自 2015 年 6 月 1 日上线至次月，其日高峰订单即突破 233 万单；9 月 16 日，其官方微信号中发布消息称顺风车市场份额超 66%。2016 年春运期间，滴滴顺风车共运送 190 万人次，这是我国历史上顺风车方式首次大规模加入春运；2017 年这个规模增长到 848 万人次，2018 年春运时规模则达到了 3067 万人次。2016 年 3 月两会期间，时任交通运输部部长杨传堂曾这样点评："有利于提高交通资源的利用，对缓解城市交通拥堵、减少环境污染，具有积极意义。"

为进一步吸引更多流量，顺风车业务逐步引入了更多社交元素。从一开始它的产品定位是"让私家车成为一种连接人与人的生活方式"，到后来又加入司乘互评且可见等新功能，再加上其推出的一些带有社交暗示性色彩的广告宣传，网约车平台的社交化功能不断被强化。社交化取向给平台带来可观流量的同时，其服务设计逻辑又留下了诸多安全隐患。在企业只看重追求更大市场份额、更多用户流量的扩张时期，创新所带来的隐患没有得到及时关注和防范，直至出现重大安全事件。共享经济平台企业在服务创新过程中，需要时刻牢记确保用户安全等底线，是网约车安全事件带给整个行业的深刻教训。面向未来看，如何把握这一底线，对所有平台企业无疑都是一种考验。

五、监管与合规仍将是未来几年的关键词

2018 年发生的顺风车安全事件留下的教训是多方面的，滴滴出

行基于保护用户隐私拖延了给公安部门提供信息的流程，造成公安部门错失介入和救援的时机。这反映出平台企业拥有关系公众安全的核心数据，但缺乏处置重大公共安全事件的能力和权限；而政府在履行提供公共安全保障和应急处置责任时，需要平台企业提供重要数据支撑。因此，如果关于用户安全的核心数据仅仅被平台企业拥有，就会造成政府与用户之间的隔离，也会在一定程度上削弱政府的应急处理能力和社会治理能力。因此，在完善共享经济监管过程中，急需建立平台企业与政府之间的数据共享机制，明确数据共享的具体要求；需要建立和完善平台企业与政府部门联动的应急处置机制，这是加强用户人身安全保障的重要保障。此外，如何完善共享经济平台的算法治理、加强价格监管和建立更加透明的加价机制等，也越来越成为人们关注的重点。

总的来看，网约车发展给人们的出行带来的便利已毋庸置疑，发展以网约车为代表的新业态的大方向没有错。针对实践中出现的问题，2016 年以来我国陆续出台了与网约车发展相关的文件和管理措施，这些措施为行业的规范发展提供了制度保障。随着实践发展不断走向成熟，加强监管、推动行业规范化和高质量发展已成为必然趋势。遵守行业规范，严格落实相关监管制度，也是企业立足于市场并在激烈的竞争中脱颖而出的基本前提。另外，还应看到，网约车行业中存在的问题，需要在发展中加以解决，发展的关键是让生产关系适应生产力的发展，而不是让生产力倒退回来适应原有的生产关系。从这个角度说，网约车相关管理制度需要在动态调整中逐步完善。

六、“大出行”领域将融合发展

在共享出行这个领域，多数企业在发展初期都是从某个特定的细分市场切入，并逐步建立起自身的竞争优势。随着市场竞争的日趋激烈，近几年共享经济企业出现了明显的生态化扩张和发展的趋势。从企业战略层面看，并购成为企业进行跨领域业务拓展的主要途径之一。在我国共享出行企业纷纷寻求多样化发展的同时，美国网约车公司优步（Uber）也宣布了新的公司战略。Uber 将不再是一个简单的网约车工具，而将成为一个“多模式”交通出行服务商。未来消费者将能够通过 Uber 软件，获取丰富的交通服务，其中包括网约车、出租车、汽车租赁和共享单车，另外用户也能够查询到公交、地铁等时间信息。在德国市场，戴姆勒和宝马计划合并移动出行业务，为用户提供一站式智能出行服务。面向未来看，通过一个应用入口多方面满足短途、中途乃至长途出行服务的业态融合越来越成为一种趋势。

CHAPTER 02
共享单车：潮起又潮落

“冬天已经来临，风雪亦将随至。在最困难的时候，我们仍需坚守信念，哪怕是跪着也要活下去，只要活着，我们就有希望！所谓危机，就是危险和机遇的并存，只有在最危险的时候才能真正让我们破釜沉舟、向死而生。当你认为它是危险时，那么危险已经来临，当你认为它是机遇时，那么机遇即将到来！”

这段话摘自 ofo 创始人兼 CEO 戴威发布的一封公司内部信，相信每一个读到这些话的人，都能体会出其中的倔强。然而，曾经遍布大街小巷的小黄车，在市场上的存在感已经越来越低，ofo 这家炙手可热的明星创业公司，也成为一个“烫手山芋”。

与 2017 年之前的高速发展形成鲜明对比，2018 年我国共享单车行业整体出现深度调整。从最初各色单车集中面世让人感叹“颜色不够用了”，到现在营运企业屈指可数；从被资本狂热追逐而短时间内融资百万美元，到资金链断裂债务缠身。共享单车企业如此之快地进入了“寒冬”，不禁让人唏嘘。

2018 年 5 月小鸣单车正式进入破产清算程序，此后便时常有关于共享单车企业跑路、倒闭的消息传出。曾经的两大巨头摩拜和 ofo 的一举一动更是备受各界关注。上半年美团收购摩拜，引发了一场关于共享单车商业模式、资本在共享单车发展过程中的是与非等话题的热议。随后几个月，ofo 不断被传出公司资金链紧张、供应商债务、挪用押金、拖欠智能锁通信服务费、车越来越少、员工离职等负面传闻，甚至不时出现“重组”“破产”等传闻。与此同时，曾经主打三四线城市的哈啰单车，背靠阿里等巨头企业的支持，扩张步伐逆势加快，共享单车市场竞争格局出现重大变化。

在共享单车发展历程中，资本在很大程度上发挥着主导作用。以至于有人说，共享单车是“成也资本、败也资本”。在共享单车发展初期在资本的支撑下经历了一场激烈的补贴竞争之战和“大跃进式”的过量扩张，在盈利无从谈起的状态下，资本成了企业发展的唯一支撑。一旦资本的狂热退潮，一地鸡毛的残局似乎也是必然。

共享单车“过山车”式的大起大落给上下游企业造成巨大影响，行业发展中的种种问题引发一波又一波如潮的舆论，引发了人们对共享单车商业模式及其发展前景的思考甚至是质疑。

造成共享单车行业发展困境的原因是多方面的，既因为其缺乏有效的盈利模式，也因为强势资本之间的竞争和博弈使得企业面临的市场竞争环境不断恶化，网络效应和规模扩张超速也使得一些原本就存在的矛盾和问题集中爆发和扩大（如押金管理的问题，城市慢行基础设施不足等问题）。作为共享经济领域的一个代表，种种问题的出现无疑在动摇着人们对共享经济发展前景的信心。

一、市场显著降温

从单车数量上看，由于前期过量扩张，导致后来部分城市对单车投放数量提出了要求，共享单车企业在一些城市主动减量，2018 年主要一二线城市均在大规模清理共享单车，一些城市在对共享单车开展容量评估的基础上进行总量控制，共享单车数量明显减少。

2018 年 10 月，《北京市非机动车管理条例》将 191 万辆确定为共享单车数量上限，共享单车数量只能减少，不能增加，并明确提出不发展电动自行车租赁。广州市提出，2019 年 2 月前，摩拜、ofo 两家企业在广州市中心城区的单车总量将控制在 40 万辆以内。2018 年 6 月，武汉市首批核减 15 万辆共享单车；郑州市从 2018 年 8 月 15 日起，不再接受新增共享单车企业，目前郑州市共享单车总量超过 50 万辆；杭州市结合《杭州市互联网租赁自行车发展研究报告》和资源的承载力、五年内城市人口变化等具体情况计算，适宜杭州城市的共享单车数量应在 32 万～46 万辆，2018 年年底前总量减至 50 万辆以下。

从用户使用情况看，共享单车的市场需求量仍然很大。截至 2018 年 6 月，我国共享单车用户规模达 2.45 亿，较 2017 年年底增长了 11%，共享单车在网民中的使用率为30.6%。2018年上半年，分别有30.6%、43.2%和37.3%的网民使用过共享单车、预约出租车、预约专车/快车，用户规模较2017年年末分别增长了11.0%、20.8%和26.5%[①]。

从主要企业的发展情况看，到2018年7月，摩拜公司提供服务单车超过750万辆，日订单量最高超过2000万，注册用户超过2.5亿，为全球180多个国家和地区的人服务。2018年10月，哈啰单车注册用户超过2亿，已入驻300多个城市和260多个景区，骑行总人次超过53亿，日活跃用户达1000万，日均订单数超过2400万，投放车辆数超过600万。哈啰助力车也已进入全国100多个城市，用户累计骑行超过5.8亿千米。

市场融资方面，2018年3月，ofo宣布完成阿里领投的E2-1轮融资共8.66亿美元。4月美团以27亿美元作价收购摩拜，包括65%现金和35%美团股票。6月蚂蚁金服以18.9亿元增资哈啰单车。

共享单车企业海外战略开始收缩。单车企业2016年开始布局、2017年进入激进模式的海外业务，在2018年出现了大撤退。2017年年底ofo和摩拜单车进入的国家数量分别达到了20个和12个。但受不同国家不同城市市场需求状况、当地相关制度等多种因素影响，2018年7月，摩拜和ofo均宣布将撤出美国华盛顿特区，ofo还宣布将关闭大部分美国业务，从而“优先在有竞争力的市场中推动增长”。7月17日，德国媒体报道，ofo在柏林试水3个月后暂时退出德国市场，据统计此前柏林大约投放了3000辆小黄车。随后，据澳大利亚当地媒体报道，ofo着手关停澳大利亚业务。8月14日，美国圣地亚哥市当地媒体报道，ofo将于8月31日全面退出西雅图市场，45天

①中国互联网络信息中心（CNNIC）. 第42次中国互联网发展状况统计报告，2018, 7.

内退回用户押金。10 月 25 日，ofo 向其进驻的大津市、和歌山市和北九州市传达了退出日本市场的意向。此外，根据媒体公开报道，ofo 将从印度、以色列、中东、澳洲、德国、美国、西班牙、韩国 8 个国家和地区撤出或暂停业务。

二、竞争格局发生重大变化

2017 年以前，在共享单车市场上，摩拜和 ofo 两家占有 90%以上的市场。2018 年资本市场对共享单车市场的态度开始变化，一级市场融资越来越难。在此背景下共享单车市场格局开始出现重大变化。

2018 年 4 月，摩拜以 37 亿美元被美团全资收购，包括 12 亿美元现金、15 亿美元股权与 10 亿美元的债务；在保持品牌独立和运营约 10 个月后，2019 年 1 月 23 日，摩拜单车品牌更名为美团单车，美团 APP 成为其唯一入口，摩拜单车成为美团 LBS（基于位置的服务）平台单车事业部，由此摩拜彻底实现“美团化”。

ofo 则一直是负面新闻缠身，陷入越来越严重的经营困局和债务危机，运营规模大幅萎缩，甚至一时间成为众矢之的。

哈啰单车作为后入局者，从三四线城市开始起步，并深耕诸如景区等特色地区，用户和规模出现快速发展，截至 2018 年年底，哈啰单车同时在 300 多个城市和 300 多个景区运营，哈啰单车 APP 及支付宝小程序目前注册用户 2 亿多，用户累计骑行 110 亿千米，日订单量超 2000 万。2018 年 3 月 13 日，哈啰单车开启全国范围内信用免押金骑行，截至 5 月 13 日，已累计为超过 6000 多万用户免除押金，免押金总额达到120亿元。与此同时，注册用户增长了70%。新用户增长峰值达到每天190万户，日骑行订单量比免押金前翻了一番。截至2018年年末，哈啰出行已累计为1.6亿用户提供信用免押金服务，免除押金总额超过300亿元。

哈啰单车还开始从单一的共享单车业务向综合性移动出行服务转型。2018年9月，哈啰单车品牌升级，从单一业务的共享单车企业成长为囊括单车、助力车和汽车等综合业务的移动出行平台，呈现多元化业务特征。哈啰出行还宣布与上海申通地铁集团展开合作，双方将共同探索“地铁+单车一体化智慧接驳”的合作新模式，推动地铁站周边单车版的P+R模式（Park+Ride，即停车换乘）落地执行，实现快慢交通的协同互驳。此外，哈啰出行将联合首汽、嘀嗒、高德和饿了么等合作伙伴，提供更广泛的出行服务，并开放流量和入口实现行业互惠，构筑多元出行生态。10月12日，哈啰出行与合作伙伴在上海、南京和成都三个城市试点上线打车业务，该业务有望陆续在全国80座城市开放。

三、政府监管的三个重点

2018年共享单车领域问题层出。中国消费者协会联合百度发布的报告显示，共享经济相关的投诉量在2018年呈上升趋势。在共享经济最具代表性的领域，共享单车投诉量占比达67.5%。在关于共享单车的投诉中，问题最多的是“退押金难”，占比高达71.8%；其次是“共享单车故障”，企业运营和服务能力滞后的问题凸显。

针对共享单车运营企业的无序投放和其造成的浪费等问题，2018

年许多城市都加强了对共享单车的监管，重点包括总量控制、动态监测和企业考核等。

南京市对共享单车采用上牌监管，全市共享单车最高投放量可达45万辆，投入企业涉及11家。截至2017年12月底，符合上牌资质的ofo、摩拜和哈啰三家企业运营的共享单车在南京市已经全部上牌。三家企业在南京市的车辆保有量分别约16万辆、11.5万辆和4.2万辆。2018年6月，武汉市交通运输委员会对外宣布，武汉市共享单车数量已达103万辆，远远超过城市能接纳的数量，并决定首批核减15万辆共享单车。摩拜、ofo、哈啰三家企业租赁场地，对调减回收的车辆进行封存。2018年8月15日起，郑州不再接受新的共享单车企业，也不允许投放新的共享单车。2018年8月18日，上海市交通运输委员会向共享单车企业发布告知书，上海暂停新增投放车辆，一旦发现，将作为严重失信行为纳入企业征信档案。经过近几个月的集中整治和规范，上海市的共享单车数量从最高峰时的178万辆下降到115万辆，停放秩序逐渐好转。2018年9月，广州市完成了互联网租赁自行车总量评估工作，根据评估结果，中心城区适宜的互联网租赁自行车总量规模为40万～50万辆，全市的适宜规模为60万～80万辆。

政府积极推进共享单车的上牌管理、监管与服务平台建设，强化对共享单车的动态监测，并对企业运营情况开展考核。

北京市为加强政府对共享单车企业的有效监管，已搭建了共享单车监管与服务平台，规范企业车辆数据接入，通过平台掌握共享单车的实时数据，逐步实现对各共享单车企业车辆的动态监测和日常监管。该平台已于2017年年底立项并完成立项论证，现已进行项目建设实施阶段。其间市交通运输委员会已搭建临时测试环境，实现共享单车企业部分数据接入，并先期开展了接入数据质量验证、统计和车辆周转率、活跃度等指标的分析工作。

广州市根据全市适宜总量评估结果，实施投放总量控制和动态调节的“四步走”计划：第一阶段为压减存量，第二阶段为车辆置换更新，第三阶段为优化市场竞争，第四阶段为实施动态配额。此外，广州市交通运输委员会正在加快推进行业监管服务平台建设，后续将利用行业监管服务平台，通过全面实时接入企业的车辆数据，对车辆规模实施有效监管和调控。同时，市交通运输委员会还会同城市管理、公安交管等部门和各区政府，进一步健全完善共建共治共享的行业治理机制，引导行业规范、健康、有序发展。

南京市对共享单车实施上牌管理。上牌后的共享单车，不仅易于管理，还对违规的现象有多重限制，如乱停乱放和不遵守交通规则，都能通过互联网数据实时查询。不仅拥有骑行数据，还能拥有违章数据，更对车辆分布位置的管理和私自占有共享单车的行为有了明显的督促作用。再加上共享单车上牌过后，审核的频率也逐步加大，对各企业的车辆停放管理每月进行一次考核，重点检查各企业在停车管理、车辆调度投放和问题整改方面情况，并对情况及时公布，增强各企业自律意识。

深圳市通过登记上牌、发放电子标签等形式，对共享单车进行总量控制和动态调整，以遏制企业的无序投放行为，解决目前共享单车“围城”等乱象。

此外，深圳、厦门、南京、合肥、杭州、武汉、成都和威海等城市都开展了单车行业考核工作。如深圳市主要从运营服务、运营管理、安全应急、创新管理、公众评价和附加项 6 个方面、共 24 项指标考核企业经营规范性，考核满分为 100 分；济南市建立了以政府为主导的互联网租赁自行车经营服务评价指标体系，从“经营管理”“部门评价”和“社会评价”等方面对共享单车进行综合考核。

四、大起大落的冲击

2016 年共享单车以其快速发展成为当年我国共享经济领域“三大亮点”之一。2016 年 8 月，摩拜进入北京没几天其受关注程度就超过所有人预期，一度服务器都无法支持激增的用户。9 月，摩拜和 ofo 分别宣布获得了数千万美元 B 轮融资。之后一年里，摩拜继续融资 4 轮共计 11 亿美元，紧随其后的 ofo 也融资 4 轮共计 7 亿美元，两家公司的估值都超过了 20 亿美元。在这期间又有更多的企业进入市场，根据公开资料，高峰期市场上共有包括小蓝、优拜、小鸣、酷骑、CCbike、一步、骑呗和哈啰单车等在内的近 70 家企业，每月都会发生至少两笔以上融资。

共享单车行业的典型特点是“重资产、重运营”，前期的快速发展完全靠融资支撑，处于持续的“烧钱”状态。2017 年下半年开始，二线共享单车品牌开始清场，酷骑、小鸣、优拜等都停止运营，多家企业连用户押金都还不上。2018 年受整体宏观经济形势下行压力、资本市场投资热情下降、缺乏可持续商业模式等多种因素影响，共享单车市场竞争加剧，行业“洗牌”加速。1 月，小蓝单车托管给了滴滴出行。4 月，美团收购摩拜，其招股书显示，2018 年前 4 个月，摩拜拥有 2.6 亿次骑行，每次收入 0.56 元，总收入 1.47 亿元，折旧 3.96 亿元，经营成本 1.58 亿元，总亏损 4.07 亿元。9 月前后，上海凤凰和百世物流分别起诉 ofo 拖欠款项，云鸟物流也传出正向 ofo 催要货款。

共享单车“过山车”式的发展给上下游企业带来很大的影响和冲击。天津是我国最大的自行车生产地，在 2015 年年底至 2017 年上半年共享单车疯狂扩张期间，天津的大部分自行车厂都接过共享单车订单，武清区的王庆坨镇尤为集中。2016 年和 2017 年天津自行车产量的同比增长率分别为 0.48%和 19%，出口比例分别下降了 5%和 7%。据《经济之声》报道，2017 年前后，王庆坨镇共有 500 多家自行车厂商，2018 年上半年存活下来的只有一半。ofo 的战略合作伙伴富士达在 2017 年的产能达到 2000 万辆，是以往的两倍多，富士达也因此在这一年成为全球第四大自行车供应商。2017 年年底共享单车订单减少后，富士达开始裁员，到 2018 年年中已经裁去 1/3。

自行车行业中为数不多的几家 A 股上市公司，在 8 月份公布的 2018 年半年财报中基本都提到了共享单车带来的损失。受累于共享单车订单锐减 90%，深圳信隆健康的自行车配件销售收入下降 31%。给 ofo 供货的上海凤凰上半年营收和利润同比下滑超过五成，同时存在自行车和零部件企业面临产能过剩和开工不足的情况。为摩拜、小蓝车提供太阳能电池组件的珈伟股份上半年的营收和利润都出现大幅下降，营收和利润同比分别下降了 44.15%和 91.85%。主营业务为中高端运动休闲自行车的凯路仕公司，2018 年半年财报显示，报告期内公司营业收入较上年同期降低 82.29%，公司营业收入降低主要是受流动资金紧缺影响，经营业务出现萎缩。公司实现归属于母公司的净利润较上年同期减少 220.39%，净利润下降的主要原因是公司经营业务萎缩，而随着小鸣单车宣告破产，直接导致公司大额应收账款无法收回，因此应收账款大额计提坏账。2018 年 8 月 31 日，上海凤凰公告称，ofo 拖欠货款达 6815.11 万元，天津飞鸽、富士达和雷克斯等自行车生产商都遇到了类似情况。

五、回收利用的难题

如何有效回收利用是共享单车发展面临的行业性难题。共享单车是典型的增量共享，单车又具有易损坏、折旧快等特点，投放市场两年多，损耗量较大的共享单车企业迎来报废车辆回收的巨大压力；加上发展初期为了抢占市场而进行的无序甚至是过量投放，如何及时有效地对废旧车辆进行回收利用，是整个行业发展必须认真考虑和应对的问题。

2018 年摩拜升级共享单车全生命周期环保行动，在设计、采购、生产、投放、运营、报废等全环节贯彻 3R 原则（Reduce，Reuse，Recycle），废旧单车 100%回收再用，实现摩拜单车全生命周期的节能环保，到 7 月底已回收复用轮胎数量超过 30 万条。摩拜与北京市朝阳区城市管理部门合作，共建全国首个共享单车全生命周期示范区，共同建设共享单车投放、运营、管理、回收、存放、物流和再利用等一体化的闭环试点模型。摩拜还与中国再生资源开发有限公司合作，构建单车从生产、使用到回收的全生命周期绿色闭环，为共享单车的全生命周期管理提供批量化、无害化和资源再生化处理方案。

而从长远发展来看，要构建起共享单车有效回收利用的激励约束机制，则需要更多制度方面的创新。

六、盈利模式之困与未来之路

共享单车发展至今，竞争焦点必将从之前资本驱动下的扩张，回归到为用户创造更好的体验和带来更大的价值，对每个共享单车企业来说，当务之急是建立起可持续的盈利模式或者找到多元化的商业变现渠道。从实践中看，面对越来越大的盈利压力，共享单车企业除了精细化运营，还要积极探索新的盈利模式，并尝试进入其他出行领域。

在精细化运营方面，随着运营时间和骑行里程的增长，车辆产生损耗，不少车辆面临维修及报废。为提升用户体验，共享单车企业开始致力于提升健康车数量，提高车辆运行周转率；与资源回收行业开展合作，推进共享单车的回收及资源再利用，回收清理部分坏车。

在探索多元化盈利模式方面，2018 年上半年，ofo 尝试推出广告服务，8 月份又在其应用 APP 进入页面植入了 5s 的品牌广告视频，在 APP 内上线信息流服务功能“看看”，内设看点、图片、视频、体育、财经、社会、科普和读报等频道，希望从出行工具衍生出资讯平台，为 ofo 的商业化发展带来新的可能。此外，除了取消信用免押金，还在部分城市开始动态计费，采用起步价+分钟+里程的计费标准。

共享单车企业还在积极进入其他出行领域。2017 年 9 月摩拜与首汽约车宣布将在 APP 接入、服务互通、用户对接、品牌营销和技术研发等领域展开合作，摩拜 APP 可呼叫首汽约车。10 月摩拜与嘀嗒出行也展开类似的合作，哈啰单车与威马汽车旗下的智慧出行品牌“GETnGO”启动以共享单车、共享电助力车和共享汽车为代表的共享出行合作，还和 EVCARD 共享汽车、巴歌出行开展合作。摩拜、哈啰单车都在研发和推出共享电助力车服务。2018 年 7 月，摩拜推出首款

“摩拜助力车”。截至2018年年底，哈啰电助力车已经进入山东、河南、福建和江苏等省的140多个城市，用户骑行里程达8.4亿千米。

毫无疑问，种种探索能否使共享单车企业再现辉煌，还需要接受市场检验。

摩拜更名，创始团队全部退出，甚至连办公地点也搬迁至美团总部，摩拜品牌就此也成为历史。有人说，尽管ofo陷入风雨飘摇中，但还是摩拜“先死”了。或许也不尽然，融入美团这个超级平台优化整合后，或许共享单车仍将发展成为一个新的增长点。美团上市后，急需在现有业务达到天花板之前寻找到新的增长点。共享单车这一高频应用入口，无疑在这方面还有着更多的想象空间。对美团而言，共享单车主要的价值在于其大规模的用户和流量，以及作为短途交通工具给用户带来的便利。美团的LBS平台成立于2018年10月，包含LBS服务、网约车、大公交和无人配送等，是美团在出行领域的重要抓手。将共享单车这一高频应用入口整合到LBS平台，既有助于美团进一步将流量与用户体系打通，以减少流程提升用户体验，也有助于其实现与网约车业务的融合发展。

共享单车领域，除了美团单车，还有阿里支持的哈啰单车和滴滴出行支持的青桔单车。2018年9月，哈啰单车获得了由春华资本、蚂蚁金服领投的近40亿元人民币的G轮融资，并且哈啰单车已从共享单车服务商转型升级为移动出行平台。

共享单车企业在其发展中已经积累了一定的用户和流量，与其他平台企业的业务融合、合并和并购等，即由过去的单独发展走向融合发展，有可能会成为共享单车企业走出经营困境的出路。

从监管的角度看，共享单车行业呈现两大趋势：一是增量限制和减量调控政策将成为一些城市尤其是大城市共享单车监管的常态；二是平台企业与监管部门之间的数据共享将成为协同治理的重要支撑。

CHAPTER 03

共享汽车：政策利好却困难重重

共享化、电动化、智能化和网联化被称为汽车“新四化”，也被看作汽车产业接下来发展的主要方向。2008年戴姆勒推出了一项汽车共享项目Car2Go，主要采用奔驰smart组成单程、自由流动式汽车即时共享体系，租车人无须在指定地点租车和还车，租车用车更为便捷、灵活。2010年我国首个汽车分时租赁业务平台“车纷享”在杭州阿里巴巴商业园区上线运营。自2013年以来，随着汽车租赁业的快速发展、移动互联网技术的广泛应用以及新能源汽车的不断推广，汽车分时租赁业务扩张开始加速。

近年来，随着越来越多的城市开始采取限行、限购等措施，自驾车需求市场存在巨大缺口。公开数据显示，目前我国多达2.5亿有证无车人群，他们对于汽车的需求强烈。从国家宏观政策看也明确提出鼓励分时租赁发展，尤其是使用新能源车辆开展分时租赁；在基础设施发展方面也出台了相关政策。在不少人看来，共享汽车发展前景可观，也有人认为共享汽车是继网约车后共享经济另一大潜力市场，资本也表现出了很大的热情。

但从实践层面看，共享汽车的发展困难重重，2018 年以来陆续出现共享汽车平台企业倒闭和陷入经营困境的消息。牌照、停车位和充电桩等公共资源短缺，成为制约行业快速发展的瓶颈，此外，企业运营成本高、盈利难、责任界定复杂、监管难度大，诸多因素使得整个行业的快速发展还有很长的路要走。

一、有利的外部发展环境

近几年我国共享汽车的发展，一方面得益于政策的引导和支持，另一方面是由于一些城市采取限购措施，自驾市场需求缺口提供了巨大的发展机会。

2014 年 7 月，国务院办公厅发布了《关于加快新能源汽车推广应用的指导意见》，并明确指出，“在个人使用领域探索分时租赁、车辆共享、整车租赁以及按揭购买新能源汽车等模式。”共享汽车成为各地政府推广新能源汽车的重要手段，越来越多的企业进入共享汽车行业。2016 年年底我国出台的《“十三五”国家战略性新兴产业发展规划》中再次明确了新能源汽车、新能源和节能环保等绿色低碳产业的战略地位，以新能源为主的租赁汽车行业也备受推崇。2017 年 8 月，交通运输部、住房和城乡建设部联合发布《关于促进小微型客车租赁健康发展的指导意见》，充分肯定了共享汽车的积极意义，并明确指出对共享汽车涉及的车辆停放、充电基础设施等方面应给予扶持。《关于促进小微型客车租赁健康发展的指导意见》的出台，表明我国已将共享汽车视为减缓大城市私人轿车快速增长的途径，共享汽车或将成为多层次城市交通体系的一部分，为人们提供出行方式新选择。

在地方层面，据不完全统计，北京、上海、天津、深圳、广东和浙江等大多数地区出台的政策里都提及电动汽车分时租赁相关政策。北京明确将进一步推进分时租赁汽车网点布局；上海明确提出到2020年年底，新能源汽车分时租赁服务网点超过6000个；天津通过采取分时租赁、以租代购等形式推广应用新能源汽车；深圳提出“引导和鼓励分时租赁经营者使用纯电动车辆，减少道路交通排放”；浙江进一步放宽市场准入，鼓励和支持社会资本进入新能源汽车租赁服务领域。各地鼓励政策的相继出台，也是我国共享汽车发展的重要推动力。

从市场需求来看，近几年越来越多的城市采取了限购措施，巨大的自驾需求未得到充分满足。2018年全国约有19个城市采取车辆限行政策，采取车辆限购政策的有北京、上海、广州、贵阳、天津、杭州、深圳和石家庄8个城市和海南全省。近几年我国“有本无车”群体的数量不断增加，同时车辆销售增长缓慢，驾驶人的增长速度远远高于汽车销售的增速，自驾需求远没有得到满足，共享汽车发展潜力巨大。

技术和基础设施等发展条件也在不断成熟。互联网和智能硬件技术的发展，将持续提升分时租赁产品的便利性和用户体验，新能源技术的发展也延长车辆行驶里程，降低电动车成本；无人驾驶技术的发展也会给分时租赁更广阔的空间。从用于共享的车型看，受综合政策引导、新能源汽车产品性能提升等因素的积极影响，采用新能源车型将成为共享汽车行业和市场未来的趋势。而在新能源车领域，尽管目前我国新能源车在动力电池、电控和电动机方面还与国外先进水平存在差距，但差距不断缩小，在一些细分领域已经达到世界领先水平。我国已经成为全球新能源汽车最大市场，接下来5年时间，将是新能源汽车技术加速成熟阶段，新能源汽车发展赶超机遇期缩短，一些关键技术有望逐步实现突破，共享汽车发展的支撑条件更加成熟。从基础设施方面看，根据国务院发布《关于加快电动汽车充电基础设施建设的指导意见》，到2020年，我国将基本建成适度超前、车桩相随、智能高效的充电基础设施体系，满足超过500万辆电动汽车的充电需求。这些都将成为共享汽车发展的有利条件。

二、各有优势的不同玩家

在良好的政策环境、市场需求等多重要素推动下，我国出现了一批共享汽车企业。有研究显示，从2017年开始，新注册的共享汽车企业数量逐渐增多；截至2018年6月，我国已注册的共享汽车企业超过400家，投入运营的共享汽车数量已超过10万辆，共享汽车的市场规模达到了17.29亿元， 2018年共享汽车市场规模达到36.48亿元[①]。

从整个行业发展情况看，目前处于领先地位的共享汽车运营商大多数都有整车制造企业的支持，一些拥有巨大用户基数和流量优势的互联网巨头企业纷纷进入共享汽车领域。

---

①新思界产业研究中心. 2018—2022年中国共享汽车市场分析及发展前景研究报告.

传统汽车主机厂旗下的子公司或共享项目或主机厂入股背景的企业是当前共享汽车市场的主要力量之一。这类企业依托主机厂，在车源、技术和基础建设等方面具有优势和便利。目前来看，几家处于领先地位的共享汽车运营商大多有整车制造企业的支持，如EVCARD 背靠上汽集团、盼达用车由力帆控股投资成立，首汽集团隶属的 Gofun 也拥有充足的车辆资源，三家均称在全国投放的共享汽车已超万辆。

北汽新能源是我国布局共享汽车最早的主机厂之一，旗下的共享汽车品牌也最多。2014 年成立绿狗租车，并提出要发展成为我国最大的分时租赁公司的目标；同年北汽新能源与庞大汽贸集团共同投资成立了北汽绿行新能源科技（北京）有限公司，主营新能源汽车自助分时租赁平台。2017 年 5 月，北汽新能源又上线了共享汽车平台“轻享出行”。此外，北汽新能源的控股方北京汽车集团于 2018 年 4 月成立了一家共享汽车平台华夏出行。

2018 年 1 月，中国一汽、东风汽车和长安汽车合资组建 T3 出行服务公司，利用三方在车辆资源和渠道资源等方面的产业链核心优势，依托车辆产品的深度定制和数据信息平台的充分应用，保障用户的服务体验和出行安全，致力于打造共享汽车领域的“国家队”。跨国汽车企业的全球出行项目也在我国陆续落地，目前进入我国分时租赁市场的包括奔驰的 Car2go 和 Car2Share、宝马的 ReachNow 以及奥迪的 Audi On Demand。这些分时租赁项目的共同特点都是已经在欧美等地率先落地后再将项目带到我国。

互联网巨头企业近几年也纷纷进入，成为共享汽车市场的有力竞争者。成立于 2015 年 7 月的途歌，曾被称为共享汽车里体验感最好的企业之一，是独立运营分时租赁平台的典型代表，旗下拥有奔驰 Smart、宝马 mini、雪铁龙和标致等多款服务车型，曾在多个城市运营车辆约 8000 辆，用户超 350 万。途歌采用随取随还的模式，即用户还车不需要在特定指定区域即可还车，自由停放、接力用车（非合作停车场，用户承担停车费）是其运营模式的主要特点。用户缴纳 1500 元/辆的押金后，就可以使用手机在任何时间自主完成订车、取车、开关车门、还车业务。按照其运营规则，用户在最后一笔订单结束 20 天后可申请退款，押金需要 7～15 个工作日才可以到账。在城市布局上，其重点布局“限牌、限行、限外”市场，已在北京、上海、广州、深圳、成都和西安等地落地运营。

2017 年 8 月，滴滴出行宣布开展“分分租”业务，正式涉足汽车分时租赁市场；2018 年 2 月，滴滴出行正式开放其共享汽车平台，宣布与北汽新能源、比亚迪、长安汽车、奇瑞和中国一汽等 12 家汽车厂商达成战略合作，搭建新能源共享汽车平台。

2017 年 10 月，P2P 租车平台凹凸租车在上海开启分时租赁业务“凹凸坦客”；11 月，美团旗下“美团租车”的分时租赁业务在成都郫都城区开展试点。12 月底，摩拜在贵州省联合中国一汽、新特电动汽车公司等公司举行线上活动，正式启动摩拜共享汽车项目。

2018 年 1 月 18 日，神州租车宣布推出分时租赁业务，将在全国 55 个城市陆续上线，首批计划于 3 月 28 日在北京、上海、广州、深圳上线运营；2 月 14 日，携程宣布正式上线共享租车业务，并计划借助该业务直接切入汽车分时租赁场景。

这些互联网企业拥有巨大的用户流量，这是其相对于传统汽车企业的独特优势。为用户创造新的消费场景，盘活用户流量，同时积累新的用户流量，出行领域无疑具有很大的想象空间。

从运营模式来看，以网点取还车为主。共享汽车主要有两种运营模式，即固定网点取还车和自由取还车。目前在我国，除途歌外，几乎所有共享汽车企业都采取了固定网点取还车模式，运营难度相对较低。

从投融资市场情况看，截至2017年年底，全国共有190家共享经济平台获得投资，投资金额为1159.56亿元人民币；其中，共享汽车领域的融资总额高达764.59亿元人民币，占比高达2/3。2018年上半年芒果出行获得数千万元Pre-A轮融资；立刻出行在不到一个月时间内宣布完成天使轮、A轮和B轮3轮融资；Mocar获近千万元人民币Pre-A轮融资；10月途歌（TOGO）宣布获得千万级美元的B2轮融资，并表示其累计融资额超5亿元人民币。

三、市场布局重点

目前一线城市机动车牌“一号难求”，车牌发放数量远远无法满足居民快速增长的出行需求。因此从区域上看，参与企业在一线城市的布局相对密集。

与此同时，除了一线城市，一些经济基础发展好、政策利好、人工成本低、开放程度高且市民对于汽车共享这种新型商业模式接纳程度高并且具备消费能力的二线城市，如成都、杭州和南京等，也成为一些企业探索共享汽车模式的重点市场。以成都为例，2017年9月，成都市政府发布的《关于鼓励和规范新能源汽车分时租赁业发展的指导意见》中，确定了成都新能源汽车分时租赁业未来三年的发展目标：至2018年年底，全市基本形成新能源汽车分时租赁服务网络，服务网点达到2500个，充电桩达到10000个。至2020年年底，全市形成覆盖广泛的新能源汽车分时租赁服务网络，服务网点达到5000个，充电桩达到 20000 个。《关于鼓励和规范新能源汽车分时租赁业发展的指导意见》还指出，要引导鼓励各类停车场按一定比例配备新能源汽车分时租赁网点和充电设施，并加大对新能源汽车分时租赁企业的政策扶持力度。针对企业、车辆、市民和经营行为，提出了新能源汽车分时租赁营运管理规范。在过去的两年时间里，EVCARD、Gofun、途歌、盼达出行、苏打出行、Car2Share、ReachNow、美团租车等多家国内外较为知名的共享汽车平台，相继在当地开展相关业务。

共享汽车的发展离不开牌照、停车场和充电设施等几大核心资源的支撑，这些资源尤其是牌照都由地方政府支配，因此能否获取到这些资源在很大程度上对企业的市场竞争力具有重要影响。从这个角度说，共享汽车属于属地资源依赖性很强的行业。这个特点决定了在未来一段时间内，全国市场上很难出现寡头竞争的局面，但会出现在地方市场上具有较大影响的地方性的巨头企业。这种趋势已经出现了，比如在上海市场上，EVCARD 几乎一家独大，而盼达出行在重庆占据大量市场份额。

四、困难重重的企业

2018 年以前，我国共享汽车行业经历了一个较快的发展时期。截至 2018 年 6 月，全国注册的分时租赁共享汽车企业超过 500 家，运营车辆超过 10 万辆，业务涵盖 80 多个城市。

但在 2018 年共享汽车行业发展出现困境，企业普遍面临较大的经营压力，有部分企业倒闭或退出，有部分企业资金供应严重紧张、押金退还困难。5月，运营不到一年的共享汽车平台麻瓜出行宣布关闭租车服务；6月，入驻济南不到一年的中冠出行共享汽车平台企业即宣告失败；9月，巴歌出行传出“疑似倒闭，客服电话难以接通，用户押金未按约定时间退回”的消息；12 月，共享出行平台兔司机被曝出现资金链断裂并疑似跑路。甚至一些已经获得资本融资的共享汽车平台也陷入困境：已完成 A 轮融资的巴歌出行 APP 瘫痪，被传倒闭；11 月美团发布消息称，其在四川郫都区运营测试共享汽车的情况显示，目前的服务形式还不能很好地满足用户需求，而且短期内也难有显著的改善，基于试点情况的评估，不再继续提供共享汽车服务。

尽管途歌已完成 B2 轮融资，2018 年在北京、深圳和广州等城市，途歌均不同程度出现了运维停滞的迹象，也多次被传出用户押金难退、客服联系不上、垫付维修费用难以报销、在其进驻的许多城市运维停滞等问题，用户对于其资金链是否存在问题也出现了更多的质疑。

北汽新能源旗下的绿狗租车运营 4 年后，在 2018 年连续两次被挂牌转让。从转让公告来看，绿狗租车已经资不抵债。截至 2018 年 9 月 30 日，绿狗租车资产总计约为 1.71 亿元，负债总计约 1.82 亿元；盈利情况也不乐观，2016 年净利润为-3667.37 万元，2017 年净利润为-2792.05 万元；截至 2018 年 9 月 30 日，其 2018 年的净利润为-1327.97 万元。不到三年时间亏损额达 7787.39 万元。

共享汽车的停车问题是最大难题之一。目前许多共享汽车企业的布局集中在一二线城市，共享汽车需要规整的停车位，在停车位紧缺问题突出的一二线城市，土地价格又寸土寸金，停车难题很难得到解决。停车难又直接导致了找车难和还车难。由于停车位稀缺，很多用户并不能在需要用车的时候及时在附近找到可用车辆，还有的共享汽车必须在指定位置归还，实际上又增加了出行的麻烦，没有高密度的停车点，共享汽车的便利性会大打折扣。并且，由于大部分共享汽车采用“里程+时间”的计费方式，虽然企业有优惠措施，正常使用成本低于出租车，但考虑到诸多隐性条件和附加成本，总体价格并不如想象的便宜。一些支持自由还车的企业也经常出现因为“不定点租还”产生额外停车费的现象，如途歌公司，允许用户在任意停车点还车，但超过运营网点 1 千米则需要根据距离远近加收服务费。

用户体验差也是共享汽车备受诟病之处。中国消费者协会与百度联合发布的报告显示，在共享经济相关的投诉中，共享汽车的投诉量占比 21.8%。被投诉问题最多的是“多收费乱收费”及“大数据杀熟”问题，总体占比达 65.2%。在汽车使用过程中出现的车内卫生不佳、毁坏车内物件等情况，都大大影响着用户体验。

资产模式重、运营成本高、盈利模式不清晰，是共享汽车企业陷入困境的主要原因，也是行业发展面临的主要痛点。在运营过程中，车辆投放、停车、运营、充电和维修保养等一切开销都需要企业自行承担，这使得共享汽车成为一项重投入的产业。从盈利的角度看，目前低廉的租金很难弥补运维和采购的巨额成本支出，一旦融资受阻，企业经营很容易陷入困境，甚至陷入用户挤兑押金的不利境况。有业内人士分析认为“每辆共享汽车日均收入超过 120 元才能实现营收平衡，这意味着每辆车每日使用时长平均在 4 小时以上。”当前这一目标对大多数企业而言还难以实现。

五、复杂的责任界定和监管难题

共享汽车发展中还存在相关责任界定复杂的问题。一旦发生事故，往往涉及驾驶人、共享汽车公司和事故受损方等多方主体，事故责任认定过程也相对复杂。需要先后核验和鉴定车辆本身运行状况、驾驶人操作行为、事故受损方受损程度等，如果涉及账号借用，出借人也要承担相应责任。最终根据各方过失大小来判定负责赔偿的比例。

据媒体报道，2016 年 12 月 19 日，江苏太仓一小学生驾驶共享汽车上路酿成惨剧，使得共享汽车安全监管、运营者责权划分和法律责任承担等问题呈现在公众面前。2017 年一个驾照分被扣了 12 分的刚毕业的大学生，借用朋友账号使用共享汽车继而发生交通事故，将位于车后的三人撞倒，其中一人当场死亡。该案也引起了业界极大关注，如何界定平台企业、肇事当事人等各方责任，面临着许多需要考量的因素，成为社会关注的焦点。

共享汽车监管也存在不少难题。尽管用户在共享汽车平台注册时需要提供合法有效的身份证、驾驶证等材料，以证明自己具备驾驶资格。但在获得平台认证后的实际操作租车中，目前还无法识别“承租人与实际驾驶人不一致”的情况，尽管有平台正在试验“人脸识别”等技术手段，但尚未大规模推广使用。由于共享汽车基本没有配备行车记录仪和驾驶员识别系统，任何人用账号都可以驾驶共享汽车，当发生交通事故追责时，对实际驾驶者的监控手段严重缺乏，这也导致未成年人驾车、无照驾车、盗用他人账号驾车等现象时有发生。目前我国在共享汽车领域的法律政策几乎空白，对行业内的规范监管、交通事故的处理和剐蹭纠纷、合乘共享的规则等问题均没有明确的规定。对于驾驶人在注册会员后发生的驾照被扣分、暂扣甚至吊销等情况，平台目前也无法掌握实时更新的信息。

六、未来

尽管当前共享汽车行业困难重重，但也有不少业内人士认为共享汽车仍是未来的发展趋势。行业巨头蚂蚁金服、百度风投等大资本入场，意味着资本市场对共享汽车行业的未来发展持较为乐观的态度。普华永道思略特在研究中表示，未来 5 年共享汽车领域将以超过 50% 的增幅继续快速发展，但离真正规模化发展仍有很长的路要走。

当前，共享汽车平台接连出现问题，反映出整个行业还处于探索业务模式的早期发展阶段，企业除了拓展市场跑马圈地外，更需要认真思考商业模式能否持久的问题。另外，从需求端来说，当前共享汽车的有效利用率不高，远没有达到盈利所需要的临界点，这种情况下，运营效率的高低在很大程度上决定着企业能否持续发展下去。

面向未来看，共享汽车不仅是车联网应用终端，更是数据、人工智能技术创新的重要应用场景。无人驾驶的发展正在推动共享汽车从“人找车”变为“车找人”。许多企业已经开始面向未来开展布局。2018 年 4 月，北汽集团新技术研究院与北汽新能源轻享科技在奥林匹克水上公园将最新的自主无人驾驶技术与共享汽车智能运营系统相结合，完成了封闭场景的无人驾驶共享汽车的落地应用测试。在无人驾驶模式中，自主完成直行加速、车道保持、自动转向、人行横道减速、警示区减速、限速区减速和停止区停车等一系列测试。百度将力帆、盼达作为 Apollo 开放平台的生态合作伙伴，将共同推动无人驾驶在共享汽车商业化场景的实际应用。2018 年 5 月，百度与盼达用车在重庆启动自动驾驶共享汽车试运营，6 台搭载了百度 Apollo 开放平台 Valet Parking（自动泊车）产品的自动驾驶共享汽车在重庆两江新区互联网产业园“百度-盼达自动驾驶示范园区”投入为期约 1 个月的定向式运营。滴滴出行、腾讯和阿里巴巴等诸多企业，也都在自动驾驶技术方面进行布局。此外，共享汽车还有望通过大数据将车与车、车与路连接，基于数据和算法分析，帮助城市交通部门更精准地进行路况预测和疏导，提升城市出行系统的效率和改善人们的出行质量。

CHAPTER 04 共享住宿：慢生意将走向快车道

房东陈科是 2015 年加入共享住宿行业的。之前，他一直在 4A 设计公司从事设计工作。由于经常加班，他在公司附近租了一套小户型公寓方便团队员工休息，平均每月使用不到 10 天。2015 年年底，陈科将每月 20 多天的空房期利用起来，将房源发布在共享住宿平台上，当月出租率就达到 90%，这让陈科看到了共享住宿行业的市场前景。2016 年年初，从设计师的角色转入城市民宿经营者身份的陈科已经有近 20 套房源，陆续上线共享住宿平台，平均出租率达到 85%。随后他继续开发自己的城市民宿品牌，先后在共享住宿平台上线了 100 余套房源，集中在北京、深圳等地；以 25～35 岁的企业金领及商务人士为目标客群，主要向已入住的老客户推荐更多相似的房源，通过设计改造定制空间，满足用户差异化需求。在共享住宿平台创业两年后，陈科拿到了自己的第一笔融资 700 万元。

这是小猪平台上一个真实的故事。随着互联网等新技术飞速发展、城乡旅游消费和服务的升级、个性化消费理念的流行，共享住宿成为越来越多人的出行选择。共享住宿新业态的发展，给人们带来了新的创业就业机会和更多的收入来源，拥有独特资源优势的乡村地区也有了新的脱贫致富选择。但城市民宿发展带来的社区管理难题也不时地刺激着人们的神经，法律地位不明确给行业管理带来了一系列难题。令人欣慰的是，这个新领域的先行企业已经行动起来，积极加强行业自律和服务的标准化、规范化建设，经过几年的蓄力，或许共享住宿市场正孕育着一轮爆发式增长。

一、快速下沉的二三线城市市场

国家信息中心分享经济研究中心发布的报告显示，2018 年我国共享住宿领域继续保持快速发展态势，市场交易额从上年的 120 亿元提高到 165 亿元，增长了 37.5%；参与者人数达到 1.3 亿人，其中服务提供者人数超过 400 万人。主要企业实现融资约 33 亿元。

一些典型的共享住宿平台发展迅速。2018 年小猪平台全年交易额增幅超过 350%，订单增幅超过 320%。到 2018 年年底，小猪全球房源突破 50 万套，覆盖我国 400 座城市，以及海外 252 个目的地，拥有超过 4500 万活跃用户，在全国超过 20 座城市设有运营中心。2018 年下半年，爱彼迎中国的业务增长了将近 3 倍。爱彼迎中国的国内旅游市场规模增长迅速，已超过总业务量的 50%。途家的境内预订订单量同比增长 5.98 倍，境外预订订单量增长 10 倍。

从区域分布看，我国共享住宿行业最初是从北京、上海、广州、深圳等一线城市发展起来的，2018 年以来，二三线城市发展迅速。在小猪平台上，以成都、重庆和西安为代表的新一线城市房源增长占据全国前三。从订单增长来看，一些热门的三四线城市共享住宿呈现爆发式增长，如丽江市共享住宿规模增幅达 650%，秦皇岛市共享住宿规模增幅为 600%，烟台市共享住宿规模超过 500%。在爱彼迎中国平台上，2018 年非一线城市业务增长速度更快，增长最快的十大城市分别为深圳、厦门、长沙、贵阳、西安、珠海、桂林、秦皇岛、丽江和哈尔滨，其中深圳的业务增速超过 4 倍。

从参与用户看，共享住宿的活跃主体以“80 后”和“90 后”等“千禧一代”用户为主。我国千禧一代总计约有 4 亿人，他们更愿意选择个性化的住宿服务，也更加愿意共享自己的住房，从而为共享住宿贡献更多可靠房源。榛果民宿、爱彼迎中国和小猪平台上千禧一代用户占比分别约为 85%、83%、77%。

根据国家信息中心分享经济研究中心对主要平台房东和房客的调查研究表明，参与共享住宿的房东具有年轻化、高学历等特点，女性房东成为主力军。调查数据显示，房东平均年龄为 33 岁，大部分集中在 28～38 岁；70%左右的房东拥有本科以上学历；女性房东占比大约 6 成，占比超过全球平均水平；西安、重庆、青岛和成都等地区女性房东数量增速最快。根据对主要平台房客的调查，18～30 岁的房客占全部房客的比例超过 70%，大约半数的房客入住频率为每年 1～2 次，单身房客占比约 70%；从职业来看，学生占比约 28%，上班族占比约 27%，自由职业者占比约 17%；从收入水平来看，月收入 5000 元以下的房客占比 50%，月收入 5000～10000 元的房客占比 35%。

二、灵活就业创业新途径

快速发展的共享住宿带来了大量的灵活就业与创业机会。2017年主要共享住宿平台上房东、管家和摄影师等提供服务者人数约为200万人。房东通过平台发布信息，并为房客提供入住、卫生保洁和安全保障等服务，从而获得收入。在上海和北京，2017年爱彼迎中国带来了大约2万个新增工作岗位。小猪平台上个人房东约14.52万名，占房东总数的72%；个人房东以自由职业者、IT从业者、全职太太、企业职工和退休人群为主，职业房东大约为5.65万名。

共享住宿带动着配套服务就业的快速发展。国家信息中心分享经济研究中心的研究表明，平均每增加1个房东，可带动2个兼职就业岗位。2016年小猪平台推出“小猪管家”服务，为房东提供专业保洁、房间复原、绿植修剪与浇水、生活缴费和房客接待等服务；2017年11月，小猪平台又开通了定制摄影项目，为房东提供个性化摄影服务。2018年11月，小猪平台正式推出“软装”业务，从设计、采购到装潢，为房东提供量身定制的一站式服务，打造品质与个性兼备的房源。该版块现已在小猪房东服务中心上线，也是继保洁管家、专业摄影、智能门锁、商城之后，小猪再次升级平台的增值服务，也为更多室内软硬装设计师提供了直接或间接就业的机会。

从榛果民宿的数据来看，一线城市的保洁服务管家主要为外地务工人员，二线城市的保洁服务管家主要为当地低收入人员。此外，平台企业还通过提供吃喝玩乐“一条龙”的服务，创造了更为庞大的间接就业机会。与共享住宿相关的保洁、管家等服务人员也是重要的受益群体。根据小猪平台的数据，平台管家平均年收入大约9万元，摄影师平均年收入8.5万元左右。

三、乡村振兴新力量

党的十九大报告首次提出乡村振兴战略，为解决“三农”问题做出了总体布局。2018 年《中共中央国务院关于实施乡村振兴战略的意见》以及《国家乡村振兴战略规划（2018—2022 年）》均提出将民宿作为促进乡村经济增长、旅游扶贫的重要抓手。未来乡村民宿将与农村美食、观光农业和体验农业等休闲农业市场结合，形成一批特色景观旅游民宿村镇和乡村旅游特色民宿村，发展潜力巨大。

为了贯彻落实乡村振兴战略，推动旅游扶贫，主要共享住宿平台纷纷以乡村民宿为重要载体，通过有效盘活闲置农宅院落，提供农产品、住宿和餐饮等服务，带动乡村旅游业整体发展，为农村居民提供就业与增收的机会，帮助乡村实现自我造血功能，助力振兴美丽乡村。

小猪平台于 2016 年正式启动“乡村美宿”计划，希望将分散的资源在平台上进行整合，对传统乡村民宿进行特色改造，让真正有设计感、有文化底蕴和有特色的乡村民宿，成为带动乡村旅游和区域经济发展的支点。同时，发展乡村民宿产业会拉动保洁、设计和摄影等相关行业就业市场，为当地村民脱贫增收，最终实现精准扶贫和乡村振兴提供新思路。自 2016 年启动“乡村美宿”计划以来，小猪平台先后上线的乡村民宿超过 5 万间，平均每增加一间乡村民宿，可为当地提供 6 个工作岗位。截至 2018 年 7 月，小猪平台乡村民宿数量已超过 3 万家，遍布甘孜、凉山、都江堰、清远、常州、台州、黔南、大邑和婺源等地乡镇。2018 年小猪平台陆续与海南省旅游和文化广电体育厅、杭州市临安区旅游局达成战略合作，就推介美丽乡村、打造民宿乡村聚落品牌与扶贫示范建设点、设立民宿行业机构与农家乐升级培训等方面开展系列深度合作，响应国家乡村振兴战略的同时，推动乡村民宿的发展。

在爱彼迎中国平台上，截至 2018 年 10 月 1 日，平台上的共享住宿房源已覆盖我国内近 1400 个县级行政区，乡村房源和乡村房东数量约占爱彼迎中国房源总数的 22%，在内蒙古、河北、甘肃、江西和辽宁等省，这一比例为 30%～50%。2011 年以来，我国的乡村房东通过爱彼迎中国平台获得了超过 2.6 亿元人民币的收入。2017 年 10 月，爱彼迎中国与桂林开展战略合作，积极推进共享经济旅游扶贫新模式，实施了龙胜县共享旅游示范点项目。该示范点通过共享住宿旅游接待，配以本地旅游活动和特色物产销售，为游客提供深入目的地的独特体验。

四、城市民宿与社区管理的矛盾

伴随旅游业的蓬勃发展，民宿短租赢得了广大旅游者尤其是年轻消费者的喜爱，成为新的消费热点。在成都、重庆和青岛等旅游城市，民宿则更是成为城市旅游的新亮点，诞生了一批网红民宿，吸引各地旅游者打卡。

但问题也相伴而来。自 2018 年 7 月以来，成都、重庆、青岛、深圳、杭州、广州、长沙、济南和昆明等地都出现了民宿经营者、房客与社区业主和物业的冲突问题。

以成都为例，小猪平台数据显示，2017 年成都民宿发展增速以及订单量均位于全国首列。然而民宿市场异常火爆的同时，2018 年暑期以来，成都、重庆多家民宿集中的小区频繁爆出民宿经营者和小区业主的纠纷。成都市大数据和电子政务管理办公室发布的《7 月成都市网络理政平台运行分析报告》显示，关于反映小区开办民宿的问题达 116 件，成投诉热点，主要集中在民宿租客扰民、租客同物业发生冲突等方面。过多民宿和住客的涌入，尤其是陌生人进出带来的安全问题以及旅游旺季时住客对公共资源的占用等问题，让小区住户叫苦不迭，民宿社区关系也成为社会关注的热点问题之一。根据平台相关研究显示，有接近 30%民宿房东曾表示遇到过社区冲突问题，社区居民反对民宿的理由包括：陌生人出没、扰民、安全消防隐患、侵占公共资源、乱扔垃圾、擅改房屋结构等，80%房东认为与社区矛盾会影响民宿正常经营。如何妥善处理城市民宿发展与社区管理的矛盾，已成为行业快速发展面临的一大问题。

五、制度之困与行业自律

共享住宿的法律地位一直是各界争论的焦点。法律地位的模糊给行业规范带来了难题，该不该对行业进行规范、应当依照何种法律进行规范及如何规范等都是亟待解决的问题。从行业外部看，国家“鼓励创新包容审慎”，对“包容审慎”的原则贯彻得也到位。但传统监管机制滞后，难以涵盖新的业态模式，一些监管部门由于认知局限和执法习惯，仍用老方式来解决新问题。2018 年在部分城市多次出现房源被下线、房东被罚款、约谈和拘留等行为，对房东和房客参与共享住宿的热情打击较大。由于对共享经济的理解不到位，监管措施约束了当地共享住宿行业的发展。

2018 年 11 月 15 日，由国家信息中心分享经济研究中心牵头，共享住宿领先企业共同参与制定的共享住宿领域首个行业自律标准《共享住宿服务规范》正式发布。《共享住宿服务规范》针对目前行业发展过程中存在的和社会公众关注的热点问题，如城市民宿社区关系、入住身份核实登记、房源信息审核机制、卫生服务标准、用户信息保护体系、黑名单共享机制和智能安全设备的使用等，提出了具体的要求和规范，不仅适用于乡村民宿，还包括分散于城市社区中的民宿。

《共享住宿服务规范》提出了共享住宿的定义、服务与规范的基本要求，适用于在我国境内提供在线交易的互联网共享住宿平台和房东。从内容上看，除了规范性引用文件、术语定义和总则外，主体内容包括三个部分：共享住宿平台（企业）服务与管理要求、房东要求与规范、对房客的要求。关于平台企业服务与管理要求，包括企业的基本要求、信息安全与隐私保护、用户信息审核、交易服务、订单交易管理、点评管理、投诉管理、违规行为管理、安全管理、培训管理、知识产权管理共 11 个方面，涵盖了从房东登记房源到房客住宿再到交易完成后的评价等全流程的管理要求。关于房东的要求与规范，包括上线房源要求、设施要求、信息发布与维护、订单处理、入住服务、清洁卫生要求、从业人员要求和经营管理要求共 8 个方面。关于对客房的要求，则提出了包括基本的行为能力要求、预订、入住和发布点评共 4 个方面的要求。

从实践层面看，共享住宿领先企业在强化行业自律方面做了大量工作。

2018 年小猪平台通过布局智能设备、加强人脸识别身份认证技术的运用来进一步提升安全保障和入住体验。5 月小猪平台宣布加快智能烟雾报警器、燃气报警器、防盗报警器、智能电表、消防四件套等设备的落地工作，并将实现对全部智能安全设备的平台大数据云端一体化整合，目前智能体系升级已在成都、重庆和杭州等多个试点城市展开，并通过加强与监管部门的协作创新来推动共享住宿的安全升级。7月小猪平台对智能门锁的安全技术进行迭代升级，用户通过刷脸等方式确认身份后，即刻会在手机上收到电子钥匙，轻松完成开锁。此外，小猪平台还在全国多个城市布局能够同时支持人脸识别、近距离无线通信技术（NFC）、蓝牙钥匙与数字密码的新一代智能门锁，首批将覆盖上海、武汉、天津、成都、重庆和广州等城市。

爱彼迎中国于2018年3月上线“爱彼迎Plus”项目。项目房源经过人工严格筛选，需要通过包括房东个人信誉、房源评分、清洁度、舒适性和设计风格等在内的超100项认证标准。目前Plus房源遍及上海、北京、成都、杭州、南京、苏州、西安、重庆、广州、深圳、武汉、长沙和青岛共13个城市。2018年3月，爱彼迎中国在我国推出房东学院，在线上和线下两端对房东提供由爱彼迎中国设计的教育培训内容。目前已经在10个城市完成了28次线下培训活动，线上线下触及近2万名房东。

途家通过信用认证、评论展示、7×24客服、普及智能硬件使用、设立专项基金等多个方面的措施，加强平台的安全保障。一是引入商户芝麻信用分，作为商户（房东）经营担保，间接降低安全风险；二是双向保险：为房东提供财产保险，为房客提供人身意外保险，双向保障人身和财产的安全；三是通过建立专项基金，在用户遇到安全等重大问题时，在第一时间提供资金保障，可实现优先赔；四是设置优选PRO打造民宿标杆，通过对民宿硬件设施、安全卫生和服务保障等内容的规范化，推动民宿品质服务标准化的落地。

2018年10月，国务院办公厅印发的《完善促进消费体制机制实施方案（2018—2020年）》，在进一步放宽旅游服务消费领域市场准入方面明确提出：鼓励发展租赁式公寓、民宿客栈等旅游短租服务，同时也对加快推进重点领域产品和服务标准建设进行了重点要求。业界针对服务质量标准以及涉及民宿短租平台、民宿经营者等相关主体的管理规范的诉求日益迫切。

面向未来看，共享住宿发展的宏观政策与制度环境将进一步优化，政策不确定性将逐步降低。在国家层面，将基本形成鼓励创新、包容审慎的监管取向与政策框架。长期困扰行业发展的一些法律、监管和信用建设等基础性问题有望得到解决，多部门的协同监管机制将逐步建立。在地方层面，针对共享住宿领域的创新实践，有望在试点示范、行业管理等方面出台地方性政策。

住宿是出行的核心环节，也是重要的服务载体与流量入口，随着大众旅游、全域旅游的兴起和特色民宿、乡村旅游的发展，平台企业将更加注重生态化发展，不断延伸民宿的空间、服务和经营，拓展服务链，共享住宿正在打造一个全新产业链图谱。搭建生态化产业体系是共享经济平台提高竞争能力和生存能力的重要战略，共享住宿平台利用既有的用户资源、数据和技术能力、服务体系，推动横纵向业务扩展。在当下的互联网发展背景下，平台需要构建更完整的服务和安全保障生态体系，为用户提供更加多样化、精准化、高效化的增值服务或配套服务，最终形成一个具有高度开放性、动态性和协同性的创新生态系统。

CHAPTER 05

内容共享：告别“野蛮生长”

“中年人看罗振宇的演讲和老年人买权健的保健品没有什么区别。”这是2018年年底罗振宇“时间的朋友”跨年演讲结束后网上流传的段子，质疑付费知识只是兜售焦虑的伪命题，并没有什么用。

作为内容共享的重要形式，知识付费在过去两年曾是共享经济领域的亮点。2016年出现了一批发布和推出知识付费相关产品的共享平台，因而也被称为知识付费元年；2017年知识付费市场迅速扩张，艾瑞咨询发布的《2018年中国在线知识付费市场研究报告》显示，2017年我国付费产业规模约为49.1亿元，同比增长近三倍。但2018年质疑声越来越多，被质疑的不仅仅是如何保证内容质量、复购率和持续稳定的用户群体，还有与其密切相关的版权保护、流量如何变现以实现盈利等。

2018年是短视频井喷的一年。这一年，以抖音和快手为代表的短视频平台成为许多人尤其是年轻人生活中重要的一部分。根据卡思数据统计，2018年短视频领域的用户规模保持着每月8.8%的增幅。

与此同时，由于内容共享领域创新非常快，加上内容的文化和意识形态属性，以及网络信息内容传播日益强大的影响力，各类内容共享平台也面临着越来越严格的监管。未来强监管态势依然会延续下去，相关部门对短视频的监管将走向常态化和专业化，监管力度的加强将推动短视频行业从野蛮生长转向规范化发展。

一、知识付费引发的争议

2016年4月，问咖、值乎出现；5月，分答、知乎Live面市；6月，得到“李翔商业内参”、喜马拉雅FM“好好说话”推出……几乎每月都有知识付费产品出现。那一年知识付费赢得了一片赞誉，知识付费成为被各界看好的“风口”：用户量迅速增加，众多内容创作者开始利用各种平台创造着种类丰富的内容；资本趋之若鹜，许多平台产品都获得了新一轮融资。

随后两年，移动互联网快速发展使得音频这一传统媒介获得了更多的发展机遇，移动音频日益成为大众利用碎片时间获取新知识、新信息的重要途径。知识付费的用户数量和市场规模都持续高速增长。

音频付费平台喜马拉雅采用“专业生产内容（PGC）+用户生产

内容（UGC）+独家版权”的模式，吸引了包括20万声音大咖在内的500万有声主播，共同创造覆盖财经、音乐、新闻和有声书等328类超过1亿条的有声内容，同时还有200余家媒体和3000多家品牌也都纷纷加入。目前平台拥有手机激活用户超过4.8亿，活跃用户每天平均收听时长135分钟。其“123知识狂欢节”的销售额从2016年的5088万元，到2017年的1.96亿元，再到2018年的4.35亿元，连年保持高速增长。2018年年初喜马拉雅还发布了“万人十亿新声计划”，预计在未来一年内，投入十亿元基金全面扶植音频内容创业者。尤其是在音频技术和用户需求的双重刺激下，有声书市场规模从2016年的23.7亿元增加到2018年的45.4亿元，预计到2020年将超过78亿元。2018年上半年平均每位用户收听18本有声书，累计收听的总时长超过30.8亿小时[①]。

从资本市场的情况看，2018年知识付费成为内容共享领域吸收融资的主力。8月8日，知乎完成2.7亿元E轮融资，同一天“天天学农”拿到数千万元A轮融资，更早前，知识付费平台老路识堂和时间知道分别完成2160万元的Pre-A轮融资和600万元天使轮融资。据不完全统计，四家平台累计融资金额合计超20亿元人民币。同样在8月，聚焦在线医学健康教育的百诺名医汇完成3000万元Pre-A轮融资，投资方为深圳汇投资本。9月，家庭理财内容服务平台叶檀财经完成4000万元A轮融资，由同创伟业、喜马拉雅和艾瑞资本联合投资。

知识付费行业的商业模式更加多样化和清晰，垂直细分领域内容更加丰富。从商业模式看，不仅包括图文、视频、音频和直播等形式，更从线上衍生到线下，从单纯的付费阅读和下载拓展到培训、问答、

①喜马拉雅公司. 2018年喜马拉雅有声书用户行为洞察报告.

一对一咨询、训练营和社群等多种模式。

知识付费平台双边网络效应开始凸显：话题和用户之间的双边网络效应日益形成，内容消费者变成生产者，生产者的黏性更强。用户的每天使用时长不断增长，场景更加丰富，从工作到生活到娱乐形成沉浸式学习场景。随着用户规模的扩大，用户对付费内容的甄别能力进一步提升，更加理性化。有研究显示[①]，63.6%的受访知识付费用户使用知识付费产品主要的目的是获取专业知识，用户更愿意为实用且高质量的内容付费，用户消费逐渐趋于理性。在知识焦虑的大背景下，专业性知识内容是付费用户的硬需求。

知识付费在经过几年的快速发展后，也引发了各种争议，2019年甚至出现了将其与购买保健品相提并论的观点，认为所谓的知识付费传播的并不是真正的知识，而是在贩卖焦虑；用户并不是真正地为自己学到的知识付费，而是在交“智商税”，因为它追求的是短平快的碎片化信息输出，而不是系统化的思维。从各类平台的角度看，随着业务的不断拓展和创新，用“知识付费”已经不能充分概括和反映他们行业的状况，似乎用“内容共享”更为妥当。喜马拉雅的付费内容已经从单一的知识品类发展到了有声书、广播剧在内的知识加娱乐领域。成立于 2013 年的樊登读书，其推出的“樊登读书会”曾是知识付费的主流产品之一，后来逐步发展成为不同人群提供各种知识产品和内容服务的平台。2018 年下半年，分别上线了针对老人和儿童的“樊登年轮学堂”和“樊登小读者”。总体来看，不管平台的品牌如何包装设计，业务形式如何创新，其底层逻辑上仍然是一致的：满足用户对知识或内容的需求。

①艾媒咨询. 2018 年上半年中国知识付费行业动态监测报告.

二、终身学习新渠道

知识共享平台为用户提供了丰富的知识内容，有助于满足用户多样化的知识需求。喜马拉雅平台拥有500万名主播，提供总计328个小类的6000万条声音，内容涵盖商业、外语、音乐、亲子、情感和有声书等16个类目。得到平台上线25个付费专栏，内容涵盖职场、理财、教育和艺术等多个领域。知乎 Live 平台是以直播讲座的形式满足用户的多样化知识需求，内容涵盖生活方式、音乐、影视、游戏、体育、互联网、旅行等用户生活和工作多个方面。除了喜马拉雅、得到、知乎 Live 等综合性知识共享平台外，还有一些专注于垂直领域专业性知识共享的平台，如豆瓣时间耕耘于文艺领域，为用户提供文艺知识内容。

相对于传统学习模式，基于平台的知识共享具有学习方式灵活、学习内容丰富、学习渠道普惠等明显优势。随着社会经济发展水平和中产阶层群体的不断扩大，人们的知识需求发生了明显升级，学习也呈现出终身化、跨界化和碎片化特征，传统的出版阅读和学校教育已经无法满足，如何快速从爆炸的信息里获取具有价值意义的有效信息成为重要的学习需求，而知识共享平台较好地满足了这种新的学习需求。喜马拉雅平台将专家、学者和行业精英的专业知识、技能、经验及见解等知识打造成音频课程放在共享平台，让广大用户可以接收到优质的知识资源，充分利用碎片化时间进行自主学习。“一直播”“秒拍”等移动视频平台可以为用户提供高质量的视频知识，方便用户学习。

知识共享平台有望成为终身学习的重要渠道。知识共享的第一阶段是解决认知的问题，可以帮助用户知道某个问题；第二阶段通常是要瞄准解决用户更深层次的需求与问题，这些需求与问题往往只能通过线下教育培训来解决。一方面，越来越多的知识共享产品与服务将涌现。知识共享正从开始时火爆的商业财经、技能培养等热门领域向更多更丰富的细分领域扩展，内容的深度化、垂直化成为知识共享发展的趋势。另一方面，越来越多的教育机构、互联网企业进入知识共享行业，将进一步为用户提供优质的学习服务。

面向未来看，社会公众对付费内容的需求将不断提高，越来越需要知识平台提供包含知识载体和知识产品购买前、中、后的一系列知识服务在内的完整而动态的知识付费产品。因此平台提供的知识产品和体系将更加丰富和完善，不仅包括原创的优质内容本身，而且包括全过程的知识服务在内的整体性知识付费产品。知识共享平台竞争的重点，将从单纯注重提供优质知识的内容，转向提供完整的知识付费产品。对用户来说，知识技能共享平台将逐渐发展成为一种移动互联网时代重要的学习和获取专业化技能服务的渠道，对知识付费的接受度也将不断提高。对于平台企业而言，提供更加专业和优质的内容、深入垂直化细分领域，以及完善内容服务体系则是未来进一步发展的重点。

三、供给的挑战

一方面，对于内容共享平台而言，信任的建立是一个相对缓慢的过程，用户的口碑积累更需要时间，仅仅依靠“标题党”吸引用户注意的方式已逐渐行不通了，因此如何提高用户对类似平台的充分认可与信赖，是当前制约内容共享发展的一个主要问题。以知识付费课程为例，由于相关内容的同质化、质量良莠不齐和碎片化学习特点影响用户信任度的建立，用户黏性差，尝鲜意愿不断降低，产品体验感和使用率不高，出于新鲜好奇、一时热情购买之后，真正持续使用的用户数量很少，复购率低。同时，内容共享产品以满足大众化需求为主，缺乏个性化和针对性，难以精准满足用户的个性化需求。

另一方面，由于知识内容的制作很大程度上取决于生产者的生产能力、精力和效率，尤其是一些专业性较强的知识产品的输出，无法像一般产品那样标准化、大规模生产，生产者输出能力的限制影响知识产品的持续性。以知识技能分享平台为例，很多工程师本身有主要职业，签约平台多是以兼职身份，内容生产的时间和精力受到主业的限制，多是利用下班之后的业余时间，甚至有影响本职工作的担忧，在一定程度上会影响服务质量。并且，由于服务内容的专业性和广泛性特点，本身很难建立统一的评价标准和质量甄别筛选体系，如何保证共享内容和服务的高质量、专业化，进而提高参与用户的满意度和黏性，是当前知识技能共享领域需要解决的重要问题。

此外，版权保护也急需加强。随着内容共享技术和模式的不断创新，共享平台上的版权侵权现象也日益严重，侵权方式也在不断地变化，近年来比较突出的问题是：在网络转载中，尤其是在各类自媒体中，普遍存在各种未经许可转载新闻作品，以及未经许可摘编整合、歪曲篡改新闻作品的侵权行为；在短视频领域中，广泛存在未经授权复制、表演、网络传播他人影视、音乐、摄影、文字等作品，并以合理使用为名对他人作品删减改编，滥用“避风港”规则对他人作品进行侵权传播等问题；在动漫、网络直播、知识分享、网络影视、网络音乐和网络云存储空间等领域，也普遍存在各种形式的版权侵权行为。

四、“泛娱乐化”之忧

知识共享在快速发展的同时，其“泛娱乐化”特征也引起了多方诟病。微信公众号、知乎 Live 和分答等知识付费平台为了增加活跃度，更多地依托明星大 V 的娱乐性回答，网友询问明星名人的隐私、八卦问题，大都是出于猎奇心理，背离了知识共享平台的初衷定位，一些人将知识共享平台贴上了“知识噱头、网红实体”的标签，做出“知识付费，无关知识”的论断，既不利于用户通过知识共享平台获得专业性的知识信息与经验，也对众多拥有知识盈余的专业人士产生了挤出效应，高质量用户开始逃离。与此同时，各类网络直播平台的兴起，进一步促使了知识共享的泛娱乐化。2018 年极为火爆的抖音和快手等共享平台，内容大量集中在美食、搞笑段子、美妆、歌舞和穿搭等娱乐消遣领域，“娱乐至上”的概念更是深入人心，高端知识内容相当缺乏。

我们可以一分为二地看待知识共享泛娱乐化。一方面娱乐化是大众文化消费的内在需求，随着消费者主权的兴起，大众文化消费取代严肃文化消费，成为文化消费的主流，越来越多的消费者关注自己个性化文化需求，喜欢有趣的、轻松的、轻知识的文化消费，也喜欢关注文体明星、偶像的信息，知识需求往往依托各种网红载体来实现，加上生活工作节奏的加快，快餐式文化消费、短平化知识需求成为大众消费的特点。另一方面，一些低俗甚至违法的内容也打着知识共享旗号进入，导致知识共享行业良莠不齐、鱼龙混杂。

尽管知识共享平台在发展初期通过依靠大V、大咖和网红迅速形成了市场影响力，但未来的发展潜力在于回归知识共享的本质。

一是更广泛地关注长尾用户。知识共享要扶持真正扎根在各个行业但不太起眼的行家里手，最大程度地发挥连接价值与匹配功能，让拥有一技之长的普通知识技能人群加快能量释放。因此，知识技能共享应更广泛地覆盖长尾的草根用户，而不仅仅是少数头部大V用户，知识共享平台应打造更丰富的内容生产体系，帮助用户利用碎片时间，进行持续连贯的学习。

二是进一步推进从成本到体验的比拼。知识共享的竞争，核心是比拼是否符合用户的学习特点、阅读心理与消费习惯等。一方面是学习成本竞争，平台竞争的焦点将是最大限度地帮助用户节省时间，降低学习门槛和成本；另一方面是用户体验竞争，平台竞争的焦点是最丰富快速地满足人们消费知识内容的需求。

三是注重发展垂直细分领域的知识共享。艾媒咨询发布的数据显示，66.7%的用户更愿意就专业领域疑难问题进行付费问答，43.3%的手机网民表示更在意平台的专业性。垂直类知识共享平台更容易实现专业资源和流量的聚焦，从而获得用户对于品牌的信赖。未来的知识共享将在垂直领域深度渗透，如在教育、金融、医疗和科技等领域将迎来知识技能共享的大浪潮。

随着知识网红的不断涌现，各垂直领域在内容储备、用户积累和社区化构建方面将加速发展。知识付费正从开始时火爆的商业财经、技能培养等热门领域向更多更丰富的细分领域扩展，内容的深度化、垂直化成为知识共享发展的趋势。

五、强监管趋势

近年来，我国网络短视频平台大量涌现，短视频以其视听化自我表达、随时随地传播、碎片化时间观看等特点深受公众尤其是广大青少年的喜爱。根据中国网络视听节目服务协会发布的数据显示，截至2018年6月，我国网络视频用户规模达6.09亿，其中短视频用户规模为5.94亿，占比97.5%。预计全年短视频行业的市场规模超过118亿元，同比增长106%。

2018年短视频的发展相当抢眼。抖音、快手的巨大流量使短视频以及网络直播行业焕发前所未有的活力，互联网巨头企业也纷纷入局，行业竞争日益加剧。1月份快手的用户量达7亿，日活跃用户达1.2亿。3月快手获得由腾讯领投的3.5亿美元融资。6月快手收购A站，以短视频与二次元结合的方式开启新的发展。抖音用户在春节期间暴增3000万，日活跃用户突破1.5亿，月活跃用户突破3亿。快手、抖音的巨大流量引来新平台的不断入局。百度、腾讯和阿里等互联网巨头企业也都推出短视频服务。

在行业规模高速增长、行业竞争加剧的同时也出现了诸多“乱象”，一些平台为了流量及广告收入，放任用户生产和上传低俗内容，并通过推送、置顶等方式，对低俗内容采取默许甚至纵容的态度，对社会造成了不良影响，2018年有关部门加强了直播和短视频行业的监管力度，尤其是对相关服务资质和分享内容合规性的审查。

在网络直播领域，2018年年初，中央宣传部、全国“扫黄打非”

工作小组办公室等部门做出部署，在2月上旬～4月下旬集中开展针对网络直播平台传播低俗色情暴力等违法有害信息和儿童“邪典”动漫游戏视频的集中整治行动。在此次行动中，全国“扫黄打非”工作小组办公室根据核发的近 300 条违法违规网络直播线索，部署对约30个网络直播平台进行立案调查。

2018 年 8 月，相关部门对网络直播平台的监管力度继续加强。全国“扫黄打非”工作小组办公室联合工业和信息化部、公安部等部门下发《关于加强网络直播服务管理工作的通知》，进一步加强网络直播服务许可、备案管理，开展存量违规网络直播服务清理，建立健全监管机制；要求各大直播平台必须持有“三证”，即 ICP 经营许可证、网络文化经营许可证和信息网络传播视听节目许可证件。对无法提供相关材料的，要立即停止服务。文化和旅游部在全国范围内开展网络直播专项规范整治行动，重点整治价值导向问题严重、编造虚假信息、侵害未成年人合法权益或者损害未成年人身心健康的内容。在专项整治期间，文化和旅游部依法查办了一批网络表演典型案件，关闭了一批价值导向严重偏差、内容格调低俗、不具备运营资质的网络直播平台，封禁了一批违法违规情节严重的网络主播。

2019 年 1 月，中国网络视听节目服务协会发布《网络短视频平台管理规范》和《网络短视频内容审核标准细则》。《网络短视频平台管理规范》根据网络视听管理政策新要求，对平台应遵守的总体规范、账户管理规范、内容管理规范和技术管理规范提出了 20 条建设性要求。《网络短视频内容审核标准细则》面向短视频平台一线审核人员，针对短视频领域的突出问题，提供了可操作性审核标准 100 条。根据要求，网络短视频平台应当建立总编辑内容管理负责制度，并且根据其业务规模，建立审核员队伍。网络短视频平台应实行节目内容先审后播制度，平台上播出的所有短视频均应经内容审核后方可播出，包括节目的标题、简介、弹幕和评论等内容。

面向未来看，内容共享领域高压监管态势依然会延续。由于内容共享领域创新非常快，加上内容共享的文化和意识形态属性，以及网络信息内容传播日益强大的影响力，内容共享领域的高压监管态势依然会延续下去。相关部门对短视频的监管将走向常态化和专业化，监管力度的加强将推动短视频行业从野蛮生长转向规范化发展。未来监管趋势呈以下特点：新兴的内容共享平台，尤其是应用最为广泛的新闻网络自媒体、社交网络、网络直播和网络视频将继续成为监管的主要领域；对内容共享平台主体责任，尤其是平台作为内容把关者责任的要求将更加清晰和严格，这意味着社会化内容共享平台必须配备足够的专职内容编辑人员、审核人员和技术保障人员，同时强化对相关从业人员的培训。在整个行业面临强监管和整治的大背景下，高质量的内容将越来越成为内容共享平台竞争的关键所在。

CHAPTER 06

共享医疗：政策明朗带来新契机

2018年7月，一部《我不是药神》收获了无数人的感动，大家把泪水与欢笑献给电影的同时，折射出当下百姓“看病难看病贵”的问题依然突出。党的十九大报告提出要在“病有所医”上取得新进展，让老百姓有病看得上、看得起，是这一目标的最好诠释。近年来，国家有关部门积极推动互联网与医疗健康的融合发展，共享医疗作为“互联网+医疗健康”的典型业态，迎来了新的发展机遇。

2019年2月12日，国家卫生健康委员会发布《“互联网+护理服务”试点工作方案》，确定在北京、天津、上海、江苏、浙江、广东试行“互联网+护理服务”，业界也将其称为“网约护士服务”。按照试点方案，今后提供网约护士服务的主体必须是医疗机构，而且要在试点地区内经卫生主管部门批准拿到试点许可后，才能提供服务。此前已有互联网医疗企业通过手机App提供护士上门服务，网约护士服务让医患互动变得更方便，特别是对长期卧床的慢性病人有很大帮助，但目前尚未形成大规模的应用，也并不算是互联网医疗领域的热点，因此该文件的出台多少让人有些感到意外。毕竟在许多新业态领域，通常都是实践应用发展较快，并形成一定的规模和影响的情况下，逐步出台相应的监管制度，共享医疗领域的监管似乎走得更快。

多年来，优质医疗资源相对短缺且过于集中在大城市、大医院，基层群众遇到疑难杂症想得到专家诊疗并非易事，一些偏远地区尤其如此。与此同时，随着社会加速进入老龄化，对各种医疗服务的需求日益增加。根据国家统计局数据，截至2017年年底，我国60岁及以上人口数为2.4亿人，患有慢性病的老年人有1.5亿人，失能、半失能的老年人有4000万左右，他们具有强烈的医疗卫生服务需求和生活照料需求。与此相比，我国注册护士仅有350万左右，难以满足巨大的市场需求。

随着互联网等信息技术在医疗领域中的广泛应用，互联网医疗、互联网医院和远程医疗服务等共享医疗新业态快速发展。共享医疗是指以互联网平台为载体整合海量、分散的专业化医疗资源，以便捷高效的方式满足多样化医疗服务需求的一类经济活动，是共享服务与医疗活动融合发展的结果。共享医疗无疑是解决优质医疗资源供给不足和分布不均衡的有效途径。

2018年一系列政策的出台，意味着我国鼓励共享医疗发展的政策导向、监管政策和重点都更加明确，互联网与传统医疗服务走向更深层次的融合，共享医疗迈出跨越性的一步。人工智能等新一代信息技术的深度应用，进一步推动了共享医疗的发展。在政策、资本和技术的多重因素推动下，共享医疗呈现出加速发展态势。

一、市场规模快速扩大

国家信息中心发布的报告显示，2018 年我国共享医疗市场交易额约为 88 亿元，较上一年增长 57.1%。

与共享经济其他领域一样，共享医疗的发展也离不开资本的支持。国家信息中心发布的报告显示，2018 年我国共享医疗行业直接融资总额约为 147 亿元，较上年增长 661.8%。其中，1 月小鹿医馆融资 1 亿元；4 月丁香园融资 1 亿美元以上；5 月微医融资 5 亿美元，平安好医生融资 11 亿美元；6 月医联融资 10 亿元；9 月微脉融资 3000 万美元。

值得注意的是，虽然 2018 年共享医疗领域获得融资的企业较往年有所增多，但差异性也极为明显，融资额主要集中在平安好医生、微医、丁香园等商业模式相对成熟的头部企业，不具备先发优势的初创企业以及小微团队获得融资难度加大。从企业融资时间看，大部分融资发生在“互联网+医疗健康”政策出台以后，可以说，相关政策的出台在一定程度上提振了资本市场对共享医疗的信心。

但是，目前行业中能够实现盈利的企业却寥寥无几。平台企业发展仍然处于获取流量、培养用户习惯的阶段，盈利模式仍在摸索中。平安好医生是互联网医疗行业的代表性企业，2015—2017 年平安好医生的日均咨询量分别达到了 4 万次、18 万次、37 万次，月活跃用户分别达到 560 万、2180 万、3290 万。截至 2017 年年底，平安好医生覆盖医院3100家,能够提供“找名医”服务的三甲医院主任医师2100名，但其商业模式并不十分清晰。尽管从收入规模上看，2015—2017年，平安好医生分别实现了营业收入2.79亿元、6.02亿元和18.68亿元，但从利润角度看却是巨额亏损。2015—2017年累计亏损超过20亿元。2018年财报显示，上半年公司亏损有所收窄，净亏损约4.44亿元，平台企业盈利模式尚处于探索阶段。

二、互联网医院大幅增加

互联网医院是提供在线医疗服务和远程会诊服务的在线诊疗平台，为百姓提供精准预约、在线复诊、远程会诊、电子处方、延伸医嘱和送药上门等服务，核心业务是“医-患”间的在线诊疗与“医-医”间的远程会诊。

据不完全统计，2016年全国有25家互联网医院；2017年增加到48家，总体增长幅度不算大；2018年以来互联网医院数量大幅增长，达到120家左右[①]。

从发展模式看，按照当前的制度要求，主要有以下两种。

第一种模式是以医疗机构为主体，利用信息技术拓展服务时间和空间，把互联网医院作为医疗机构的第二名称。这一模式以医疗机构为主体，即线下医院的互联网化，主要分为两种类型：一是医院自建平台，把部分医生搬到网上，进行网上问诊服务，典型例子是由浙江

① 蛋壳研究院. 中国互联网医院报告3.0. 动脉网. 2018, 12.

大学附属第一医院主导的互联网医院，通过引进远程医疗软件开展网上诊疗服务。二是由医院主导、第三方平台提供技术服务。典型例子是深圳市宝安中医院网上医院，由深圳宝安中医院提供诊疗服务（在线问诊、开电子处方），由健康 160 公司提供技术支持，160 大药房负责提供药品配送。

第二种模式是以互联网企业为主体，主要是一些互联网公司和企业已经申办了互联网医院，利用互联网平台为患者提供服务。《关于促进“互联网+医疗健康”发展的意见》规定，申报成立互联网医院公司必须要有挂靠的实体医院，包括自建的、收购的或者合作的医院，主要是因为医生在网上医院执业必须要在实体医院备案。这一模式的典型代表有乌镇互联网医院和银川互联网医院等。其中，乌镇互联网医院由微医集团主导，以公司的形式与地方政府及当地医院合作；银川互联网医院主要是互联网企业在银川注册互联网医院公司，当地卫生部门再进行审核，最近两年这一模式较为常见，也产生了一定的影响。

三、人工智能应用步伐加速

目前，人工智能在医疗领域的应用步伐逐渐加速，当前的重点应用场景有医学影像分析和辅助诊疗等。

在医学影像分析方面，腾讯觅影是腾讯首款将人工智能技术运用在医学领域的产品，通过把腾讯积累多年的图像识别、自然语言处理、深度学习和大数据处理等领域领先的技术与医学跨界融合，辅助医生进行疾病筛查和诊断。目前该产品已从最初的食道癌早期筛查拓展到对胃癌、结肠癌、乳腺癌和肺癌等多个癌症进行 AI 辅助诊断，以及对肺结节、糖尿病性视网膜病变等医学影像进行智能识别，涵盖通过内窥镜、CT、眼底照相和病理等产生的各类影像。

在辅助诊疗方面，微医基于人工智能技术，通过医疗数据事实和权威专家经验，将医疗技术进行标准产品化，优化资源匹配，提高基层医生的诊疗能力，提升诊疗效率。微医联合浙江大学成立的睿医人工智能研究中心，着力研发医学人工智能知识图谱，以支撑医患精准匹配及微医全科医生产品建设，在眼底影像、糖尿病性视网膜病变筛查、肺结节、皮肤病、宫颈癌、甲状腺病理、肝癌和骨龄等领域，突破了影像组学人工智能共性关键技术，取得了一定进展。

基于自诊和问诊数据的累积形成的大数据库，春雨医生开发出一套智能辅助诊疗系统，具体应用在三个方面：一是智能分诊体系，基于强大的大数据分析能力，春雨医生能在 3 分钟内为提问用户匹配到合适科室的医生；二是辅助诊断体系，系统能根据用户提供的信息，给医生提供相应的自动追问、症状辅助诊断等服务；三是医学人工智能体系，在皮肤科、眼科和影像科等特定科室已经具备了初步的机器人诊断能力。此外，在流行病学研究等领域也有一定的应用。

四、监管政策进一步明确

2018 年 4 月 12 日，国务院总理李克强主持召开国务院常务会议，审议并原则通过了《关于促进“互联网+医疗健康”发展的意见》。此次常务会议决定加快发展“互联网+医疗健康”，提高医疗服务效率，让患者少跑腿、更便利，使更多群众能分享优质医疗资源。在 16 日国务院例行政策吹风会上，国家卫生健康委员会副主任曾益新表示，《关于促进“互联网+医疗健康”发展的意见》提出的一系列政策措施，明确了支持“互联网+医疗健康”发展的鲜明态度，突出了鼓励创新、包容审慎的政策导向，明确了融合发展的重点领域和支撑体系，也画出了监管和安全底线。

4月28日，国务院办公厅印发《关于促进“互联网+医疗健康”发展的意见》，包含健全“互联网+医疗健康”服务体系、完善“互联网+医疗健康”支撑体系、加强行业监管和安全保障。

7月12日，为更加深入“互联网+医疗健康”的发展，国家卫生健康委员会、国家中医药管理局联合发布《关于深入开展“互联网+医疗健康”便民惠民活动的通知》，其中提出了30条具体措施，旨在落实“互联网+医疗健康”服务体系，为老百姓看病就医带来便捷。

9月12日，国家卫生健康委员会、国家中医药管理局联合发布了《互联网诊疗管理办法（试行）》《互联网医院管理办法（试行）》《远程医疗服务管理规范（试行）》三个文件，首次明确了互联网诊疗的定义：医疗机构利用在本机构注册的医师，通过互联网等信息技术开展部分常见病、慢性病复诊和“互联网+家庭医生”签约服务。

2019年2月，国家卫生健康委员会发布《“互联网+护理服务”试点工作方案》，确定在北京、天津、上海、江苏、浙江、广东6省市进行“互联网+护理服务”试点，试点地区卫生健康行政部门可结合实际，确定取得《医疗机构执业许可证》并已具备家庭病床、巡诊等服务方式的实体医疗机构，依托互联网信息技术平台，派出本机构注册护士提供“互联网+护理服务”，将护理服务从机构内延伸至社区、家庭。

在国家政策的带动指引下，广东、天津、河北、山西、内蒙古、辽宁、吉林、黑龙江、江苏、浙江、安徽、福建、山东、广西、四川、贵州、西藏、甘肃和宁夏等地也都推出了“互联网+医疗”的相关政策，积极推进互联网等信息技术在医疗健康领域的应用。比如宁夏提出要建设对内覆盖宁夏全区、对外辐射周边的宁夏互联网门诊，开展线上专家预约、咨询会诊和网络门诊，强化远程在线指导、专科诊疗等服务。此外，宁夏还将结合“互联网+医疗”完善家庭医生签约服务，强化上级医院对基层的技术支持，为签约居民提供健康咨询、慢病随访、健康管理、绿色转诊、延伸处方和特殊人群健康监测等线上线下互动服务。

从监管的角度看，2018 年一系列政策文件的出台，提出了行业监管的两大重点领域，即强化医疗质量监管和保障数据信息安全。

在强化医疗质量监管方面，一方面是要明确监管底线，健全相关机构准入标准，最大程度减少准入限制，加强事中事后监管，确保医疗健康服务质量和安全。另一方面，互联网医疗健康服务平台等第三方机构应当确保提供服务人员的资质符合有关规定要求，并对所提供的服务承担责任。

在加强数据信息安全保障方面，明确提出要研究制定健康医疗大数据确权、开放、流通、交易和产权保护的法规，定期开展信息安全隐患排查、监测和预警等。9 月 13 日，《国家健康医疗大数据标准、安全和服务管理办法（试行）》出台，明确了健康医疗大数据的定义、内涵和外延，以及各级各类医疗卫生机构及相应使用单位的责权利，对于统筹标准管理、落实安全责任、规范数据服务管理具有重要意义。

2018 年 7 月，国家卫生健康委员会和国家中医药管理局联合发布的《互联网医院管理办法（试行）》《互联网诊疗管理办法（试行）》《远程医疗服务管理规范（试行）》三份文件，对互联网诊疗行为、互联网医院准入与监管以及远程医疗规范等做了明确规定。首先，文件明确提出禁止在互联网上开展初诊，只能进行复诊活动；互联网医院可以按照医疗机构设置程序申请设置。其次，为保证互联网医疗服务新业态的医疗质量和安全底线，要求开展互联网医院准入前必须建立全省的统一监管平台；所有医疗机构开展互联网诊疗活动必须全程留痕、可追溯，并向监管部门开放数据接口。此外，文件还明确了互联网医院的法律责任关系：取得《医疗机构执业许可证》的互联网医院，独立作为法律责任主体；实体医疗机构以互联网医院作为第二名称时，实体医疗机构为法律责任主体。互联网医院合作各方按照合作协议书承担相应法律责任。

五、四大挑战

在共享医疗快速发展的同时，除了多点执业政策落地难、相关法规亟待完善等问题外，还存在执业医师制度阻碍医生资源流动、共享医疗尚未纳入医保体系、数据共享仍存障碍等挑战。

一是现行的执业医师注册制度不利于医生资源的流动和共享。现有的注册制导致医生必须依托固定的医院才能进行注册，这一规定造成了医生归属于特定医院的局面，否则其资格考试、职称评定和执业资格都会受限，这在很大程度上限制了医生资源在全社会范围内的共享和流动。相比我国，美国的执业医师是可以不依托医院而独立注册的，医生资源归属于整个社会，流动和共享就相对顺畅。从这个角度看，共享医疗的发展迫切需要适时修正执业医师注册制。只有允许医生独立注册，让医生资源归属于全社会，最终才能促进医生资源共享，使医生资源为整个社会所用。

二是跨地域的医保支付结算难题不利于共享医疗的发展。医保报销对于老百姓看病至关重要，对医疗机构的发展也是举足轻重的。虽然我国有一些省市出台了将互联网医疗纳入医保范围的规定，不过距离全国范围内建立统一的收费、报销方法，还有很长的路要走。当前，我国的医疗保险制度主要分为三种，其一是适用于企业职工的城镇职工基本医疗保险制度，其二是适用于机关事业单位工作人员的公费医疗制度，其三是适用于农村居民的新型农村合作医疗制度，也就是大家常说的新农合。由于上述医保体系在医保报销范围、报销比例、医保数据对接等方面，存在较大的差异，给跨地域的医保支付结算增加了较大难度。对于共享医疗活动来说，跨地区的移动支付结算更是难上加难。

三是数据共享仍存障碍。共享医疗的快速发展离不开医疗大数据的整合与共享。当前医院、医药、医保和公共卫生等信息系统已基本完善，但考虑到医疗数据的安全及个人隐私，目前个人病历信息只是在医联体内部共享，外部的医疗机构看不到本医疗机构的患者信息，不同实体医院的检查结果也不能互认，健康大数据依然存在“数据孤岛”的现象。同时，尽管现阶段不同区域及医疗机构自建便民服务的微信公众号或 App 系统十分普遍，但大都只能覆盖本区域或本地机构的平台资源。由于各机构数据标准不统一、结构化程度偏低以及改造成本过高等因素，共享医疗平台与医疗机构之间就无法实现数据对接，更无法与医保、医药信息融会贯通，线上线下服务也无法连续有效衔接起来。

六、未来

面向未来看，消费结构升级将为健康服务业发展创造更广阔的市场。大数据、人工智能等技术创新应用给共享医疗带来了更大的想象空间。基于过去几年在医疗数据、资源方面的积累，腾讯、阿里等巨头企业纷纷展开布局，有望带动行业快速发展。不断完善的分级诊疗等制度将为共享医疗提供越来越有力的制度保障。共享医疗将呈现出以下发展趋势。

一是线上线下融合将进一步深入。在医疗资源逐步放开的情况下，市场和政策力量将共同推动平台企业与传统医疗机构走向更加紧密的合作关系，具备线下医疗资源整合能力的健康医疗类应用将在未来更具优势，在市场上拥有更大的竞争力。

二是在线复诊、预防保健等全方位健康管理将成为发展方向。随着互联网的不断普及，分级诊疗的持续推进，三甲医院与基层医院、社区医院等医疗服务机构的合作将持续深化，逐步实现优质医疗资源与医疗基础信息的整合与共享，智能硬件、大数据等技术的充分应用，帮助实现对个人健康的全面监护。

三是数据安全和信息确权将是监管的重要内容。电子信息数据安全及电子信息“确权”问题将是研究重点，不仅要从技术上加强安全保护，更要让数据使用有法可依。

四是健康数据的价值将进一步放大。随着在线问诊平台、互联网医院、区域医疗信息化平台等大平台逐步搭建完成，个人健康数据将出现爆发式增长，通过对医疗健康数据的挖掘分析与应用，会产生极大的商业和社会价值。此外，人工智能在精准医疗以及医疗健康大数据上的应用将更加广泛和深入。

CHAPTER 07

产能共享：前景广阔

实体经济是我国经济发展及在国际竞争中赢得主动的根基。制造业是实体经济的主体，振兴实体经济重在做大做强制造业。2017 年 4 月 20 日习近平总书记在广西视察时指出：“我国是个大国，必须发展实体经济，不断推进工业现代化、提高制造业水平”。随着新一轮信息技术与制造业融合步伐不断加快，从全球范围看，越来越多的制造企业不仅仅关注产品的生产加工，而是整个产品生命周期，包括从前期的市场需求调研、产品设计与研发，到加工制造，再到销售、售后服务以及回收再利用等环节。可以说，制造业服务化已经成为全球制造业的重要发展趋势。以制造业服务化提升产业价值链，是信息时代企业竞争乃至国家间竞争的重要途径。

制造业服务化刚刚开始，创新模式层出不穷，产能共享是一个重要方向。制造业产能共享主要是指以互联网平台为基础，以使用权共享为特征，围绕制造过程各个环节，整合和配置分散的制造资源和制造能力，最大化提升制造业生产效率的新型经济形态。在全球经历新一轮产业革命的大背景下，共享经济新业态新模式的发展，为我国制造业转型升级提供了新方向和新动力。产能共享是深化制造业与互联网融合发展的重要内容，发展前景广阔。国家信息中心发布的报告显示，2018 年我国制造业产能共享市场规模约 8236 亿元，较上年增长 97.5%，成为新的发展亮点。

产能共享之所以能够实现快速增长，一方面得益于政策的引导和推动，推动先进制造业和现代服务业深度融合，促进资源要素向实体经济集聚、政策措施向实体经济倾斜、工作力量向实体经济加强，是当前和今后一个时期深化供给侧结构性改革、推动经济高质量发展的要求；另一方面也是企业积极探索的结果，近几年共享经济在制造业领域的拓展步伐不断加快，越来越多的企业开始布局产能共享，实践中涌现出多种产能共享模式和一批创新型共享平台，有力地推动了产能共享的发展。

但是，由于制造业产业链复杂，并且产能共享还需要较完善的企业信息化基础设施等提供支撑，目前我国产能共享的发展速度较为缓慢，实践过程中面临不少问题，未来还有很长的路要走。

一、不断完善的基础设施

数字经济时代，工业互联网已经成为推动制造业数字化转型、支撑制造业产能共享、释放数字经济增长潜力的战略性基础设施。当前世界主要工业国家都积极进行战略布局，全球工业互联网发展加速。

工业互联网是制造业产能共享重要的基础设施。工业互联网平台是工业云平台的延伸发展，其本质是在传统云平台的基础上叠加物联网、大数据和人工智能等新兴技术，构建更精准实时高效的数据采集体系，建设包括存储、集成、访问分析和管理功能的使能平台，实现工业技术和经验知识模型化、软件复用化，以工业 APP 的形式为制造企业提供各类创新应用，最终形成资源富集、多方参与、合作共赢和协同演进的制造业生态①。

我国高度重视工业互联网的发展。2017 年 11 月，国务院发布实施《关于深化“互联网+先进制造业”发展工业互联网的指导意见》。2018 年“发展工业互联网平台”首次写入政府工作报告。2018 年 7 月印发的《工业互联网平台建设及推广指南》中，提出了工业互联网平台发展的整体目标：到 2020 年，培育 10 家左右的跨行业跨领域工业互联网平台和一批面向特定行业、特定区域的企业级工业互联网平台等。2019 年政府工作报告明确指出“打造工业互联网平台，拓展‘智能+’，为制造业转型升级赋能”。我国要大力发展工业互联网，深化人工智能等技术在工业互联网各环节各领域的应用，提升工业互联

①工业互联网产业联盟. 工业互联网平台白皮书，2017, 11.

网智能化支撑能力，为生产运营中的各种要素和装备赋能，帮助制造业实现制造资源泛在连接、弹性互补和高效配置，从而为制造业产能共享奠定重要的数字化、网络化和智能化的发展基础。

当前我国工业互联网发展势头良好。一是政策体系日益完善。国家层面已建立起“顶层设计+行动计划+实施指南”的政策体系，地方层面已有包括广东、浙江、上海和福建等在内 20 个省、市、自治区出台了本地工业互联网实施方案。二是产业协同纵深发展。我国已开始全面部署推动工业互联网平台建设、百万工业 APP 培育、百万工业企业上云等工程；网络、平台、安全三大体系发展加快，企业内外网络升级改造工作稳步推进，标识解析公共服务节点建设取得积极进展；打造了若干面向中小企业的公共服务平台；安全防护能力建设持续推进，工业互联网安全监测平台初步建成，形成了安全风险监测发现、预警通知以及处置支持能力。三是融合应用创新活跃。钢铁、航空航天、机械、汽车、电子、家电等行业涌现出一大批融合应用新模式、新业态，已经出现了一批知名的工业互联网产品和创新解决方案与应用模式。就工业互联网产品而言，到 2019 年年初，全国各类型平台数量总计已有数百家之多，具有一定区域、行业影响力的平台数量已有 50 多家：既有传统工业技术解决方案企业面向转型发展需求构建的平台，也有大型制造企业孵化出的平台，还有各类创新企业依托自身特色打造的平台。但总体来看，相比于传统的工业运营技术和信息化技术，工业互联网平台的复杂程度更高，部署和运营难度更大，其建设过程中需要持续的技术、资金、人员投入，商业应用和产业推广中也面临着基础薄弱、场景复杂和成效缓慢等众多挑战，这将是一项长期、艰巨和复杂的系统工程①。

---

①工业互联网产业联盟. 工业互联网平台白皮书（征求意见稿），2019, 2.

两化融合管理体系贯标全面推广。截至 2018 年 9 月底，制造业重点行业骨干企业“双创”平台普及率超 75%，数字化研发设计工具普及率、关键工序数控化率分别达到 68%、49%，制造业数字化、网络化和智能化水平持续提升。已培育形成 50 余家具有一定影响力的工业互联网平台，部分平台工业设备连接数量超过 10 万套，涌现出一批创新工业 APP 并实现商业化应用。

通用芯片、智能传感和工业云操作系统等关键技术攻关不断加强。截至 2018 年 9 月，固定宽带和移动宽带速率分别达到 20.2MB/s 和 19.1MB/s，分别提高了 54.9%和 54.3%，中小微企业的互联网专线接入价格降幅超过 15%，低成本、模块化的技术产品和解决方案在中小企业进一步得到普及推广，制造业产能共享的基础设施不断完善。

二、大型制造企业创新转型

众创型共享平台一般是由大型制造企业搭建的开放性平台，通过整合平台上的研发、制造、物流、分销等能力以及财务、人力、金融等服务，打造面向企业内部和社会的创新创业生态系统。

为了推动制造业“双创”，工业和信息化部组织实施了《制造业“双创”平台培育三年行动计划》。同时，有关部门积极出台了支持制造业“双创”的财税、金融和就业等配套政策。全国约 30 个省市都结合自身产业发展实际和比较优势，制定并组织实施系列专项规划和实施方案，完善制造业“双创”体制机制以及配套财税、金融和就业政策。根据《制造业“双创”平台培育三年行动计划》，2018 年我国致力于打造制造业“双创”升级版，围绕要素汇聚、能力开放、模式创新和区域合作 4 个领域，工业和信息化部共遴选实施了涉及冶金、食品、钢铁、电子、机械和家电等行业 116 个制造业“双创”平台试点示范项目，引导和支持冶金、食品、钢铁、电子、机械和家电等行业企业“双创”平台建设，构建产业创新生态。截至 2018 年 7 月，制造业重点行业骨干企业“双创”平台普及率达 71.5%，中央企业建成各类互联网“双创”平台 121 个，为超过 200 万中小微企业提供创新创业服务。“双创”平台正成为技术联合攻关和人才培养的高地、资源协同与供需对接的核心载体。

海尔集团的 COSMOPlat 平台是全球首家引入用户全流程参与体验的工业互联网平台，是一个开放的、多边共创的共享平台，全球的资源方包括用户都可以在这个平台上进行二次开发，实现共创共赢共享。目前 COSMOPlat 已经在全球落地了 11 个互联工厂，生产率提升了 60%，实现了 71%的不入库率。COSMOPlat 还是一个可跨行业、跨领域、跨文化复制，具有全球普适性的平台。这意味着它不仅适用于家电业、制造业，各行各业都能在 COSMOPlat 上提升全流程的产业竞争力，实现共创共享。目前 COSMOPlat 已经成功赋能农业、房车、建陶和机械等 15 个行业物联生态，复制到 11 个区域和 20 个国家。最新数据显示，COSMOPlat 平台上聚集了 3.3 亿用户、390 万家供应商资源，同时连接 2600 万台智能终端，为 4.2 万家企业提供了数据和增值服务[①]。

Mould Lao 众创空间是一个面向制造业创新创业的国家级众创空间，该空间以“共享制造”模式将企业内部市场化推向外部市场化，实现了由传统企业向“新制造”模式的变革。在 Mould Lao 众创空间里，厂房和设备都是共享的，每台动辄百万元的大型设备上都贴有标

① 海尔 COSMOPlat 为工业互联网升级配置强引擎. 中国电子报，2018, 11.

签，标注着每小时使用费用。每位工人根据自身技术等级，自报身价，领取项目，财务、行政人员共享则省去了单独雇用的人力费用。除了厂房和设备外，Mould Lao 空间还大力帮助入驻的中小微企业和众多技术创客获得更多优质订单，产生更大效益。通过市场的自由竞合，让空间内的中小微企业专注并发挥各自的核心优势，发挥产业协同优势，实现资源配置的最优化。Mould Lao 众创空间还帮助部分技术工人获得生产设备使用权或所有权，充分发挥技术人才的积极性、主动性和创造性，实现了工人向工匠转变的社会价值。

随着大型企业资源的开放，中小企业可以充分借助于共享大型制造企业的优势资源实现创新创业。在创新创业大潮下，各类众创空间开始涌现，为创业者提供一站式的创业服务。在制造业领域也有大型企业开始搭建类似于众创空间的产能共享平台，通过开发产能，提高社会生产资源的流动性，促进创新创业。这类平台一般是由大型制造企业搭建的开放性平台，通过整合平台上的研发、制造、物流、分销等能力以及财务、人力、金融等服务，搭建起“人人创客”的创业生态系统，助力中小企业创新创业，降低社会创新创业成本。

未来将会有更多的制造业龙头企业建立基于互联网的制造业共享平台，聚焦产业链协同，开放自身优质资源并提供社会化服务，通过制造资源、生产能力的集成整合、在线共享和优化配置，打造目标一致、信息共享、资源与业务高效协同的社会化制造体系，并推进中小企业制造能力的整合。众包、众创、众筹和众扶等模式不断出现，制造业创新创业生态将形成新局面。

三、生产性服务新模式

服务型共享平台通常由工业技术型企业搭建，以工业系统、软件、智能控制和工业云等技术服务共享为中心，以智能化设备为手段，实现对生产过程的全控制，提供全方位的生产服务。

服务型共享平台的兴起和发展，大大降低了中小企业尤其是小微企业的创新创业门槛。传统模式下，制造业是典型的重资产，对设备、厂房和人才等要素投入要求高，许多中小企业在其发展中都会遇到的资金和人才等难题，一旦资金短缺，或者订单不足，对于已购设备的维护成本也给企业造成很大的负担。共享经济的发展，使企业不需要再自行购置完整的生产设备，而是可以以租代买、按需使用、按量计费，既节省了购置成本，也无须承担维护和管理成本。

沈阳机床集团推出的 i5 智能共享机床是全球首个具有智能、互联功能的智能机床，致力于构建分布式布局、分级式结构、分享式经济的智能制造新模式。i5 智能机床加工时产生的数据可广泛用于商业、管理和技术开发，并与互联网共享生产平台实时连接实现生产力共享，提高加工总效率 40%以上，提升我国基础工业水平。目前，2 万多台价值 49 亿元的 i5 智能共享机床，为我国 26 个省、161 个市的 2000 余家企业客户提供服务，已连接互联网的智能装备有 10643 台，服务机时达 269 万小时。

湖北十堰 5D 智造谷由沈阳机床集团当地的合作伙伴负责运营，自 2016 年 6 月投入运营以来，i5 智能机床已陆续增加到 133 台。该平台已经承接了发动机缸体类、支架类和光电通信接收器等近20类、每年1000多万个零部件的加工制造，2017年在该平台上已经形成的经济规模达8300万元。

徐工信息自主研发的Xrea工业互联网平台已累计接入设备数量超47万台，连接数据种类超7000种，设备种类超1000种，已赋能包括工程机械、新能源、军工、风电、光缆和核心零部件制造等50多个行业，覆盖全球20多个国家。

四、“无工厂”制造与柔性制造服务

还有一类产能共享平台是中介型的。这种平台企业自身并不拥有设备、厂房等制造资源，而是整合分散的加工制造能力和订单需求，为供需双方提供对接、技术和交易服务。这种平台的出现，使“无工厂制造”成为可能，制造服务更加柔性化，可以更好地更灵活地适应快速变化的市场，满足用户多样化的需求。

2016年前后，我国“网红经济”快速崛起，市场上对小批量且能够快速更新产品的柔性供应链的需求大增，同时市场上还存在大量具备一定加工制造能力的服装工厂面临生存困境。这种形势下，催生了能够快速整合具有小批量、快速、质量好的服装加工能力企业的平台，即中介型产能共享平台。通过这种共享平台，具有加工制造能力的企业可以将工厂生产线的空当期共享给那些有加工需求的服装卖家，为他们提供灵活的制造服务。

2018年世界杯吉祥物及周边衍生品生产中，“淘工厂”快速组织了 30 多家核心工厂，地处广东、浙江、湖南、江西、安徽和福建等 10 个省份，借助线上数据，按照供应商的订单要求快速实现了按需生产。一百多个批次、一百万件世界杯吉祥物在 2018 年 5 月 24 日全部完工下线。2018 年淘工厂在产能共享的基础上，开始致力于将生产线联网，打通销售流通到生产端的数据互通，实现制造的大规模高效协同。到 9 月全国已有 20 家工厂完成改造，计划本财年内改造 200 家数字化工厂。未来，依托数字化改造，淘工厂将打造超越工厂围墙的社会化柔性化生产平台，开放式的数字基础设施，将高效率的供应链管理能力开放给十万个原创淘品牌和 3 万多家服装工厂。

福建省泉州市的制造业企业“小而散”，每家中小企业只有零散的机械设备，竞争力弱。当地 40 余家投资商联合投资了嘉华智能科技有限公司，专门负责整合各家小企业零散的制造设备，将多家厂房通过数据系统集成在一起，将各企业技术和加工设备并联，实现了一块数字控制屏幕实时连接控制不同企业超过 800 台 3C 数控加工中心，通过共享不同企业数据、技术和生产能力，各企业的无人控制数控设备以极高的协作效率和国际竞争力成为国际一线手机品牌的零部件供应商。

面向未来看，随着人们消费升级和对个性化消费的追求，规模导向的传统制造业模式将不再是主流，能够满足多品种、小批量的柔性制造有望成为未来智能制造的主要发展方向。中介型产能共享平台以研发、生产和管理等环节的资源供需撮合为突破口，推动形成按需生产的产业组织方式，通过互联网平台实现对产业链上下游产能等资源的需求匹配和监测调度，最大化地发挥互联网对于资源的统筹和整合能力，原本高度分散的企业生产活动和制造能力，可以突破企业边界和市场半径的限制，按照最大限度满足消费者个性化需求的方式组织生产。

五、任重道远

制造业产能共享的发展，意味着我国企业创新模式将从目前分散的、各自独立进行的状态，走向众创、协同模式，资源整合将突破产业链的局限而走向跨行业和跨界融合，大中小企业将更加密切地连接和深度融通发展。大企业面向中小企业乃至全社会开放资源、共享能力，为中小企业赋能；中小企业则可以充分借力大平台的优势资源，在新的产业形态和协作模式下实现成长和迭代创新；同时，中小企业的创新成果也可以通过供应链等回流大企业，为大企业的发展注入新的活力。在 2017 年的乌镇互联网大会上，华为企业 BG 总裁阎力大说过一句话：“未来的企业要么转型成为一个平台，要么成为平台的一部分，没有第三条路可走。”

但是，由于制造业本身产业链复杂，加上我国制造业技术基础薄弱等因素，制造业产能共享的发展仍任重道远。一是市场需求尚未完全释放，在推动企业“上云”和加强工业互联网建设方面，企业尤其是一些重点行业企业仍存在“不敢做、不会做”等问题，产能共享发展的基础设施建设推进步伐缓慢，应用层次和深度有限。二是当前我国很多制造企业，尤其是中小企业数字化研发设计工具普及率、关键工序数控化率严重偏低，网络基础设施薄弱，大中小微制造企业全面参与产能共享的局面就难以实现。三是产能共享相关的配套支撑条件有待完善，咨询、培训和运维等配套服务有待加强。四是依托互联网发展起来的中介型产能共享平台仍未形成有效的商业模式。

总体来看，未来几年我国制造业产能共享仍处于起步期。这一时期的主要任务是为制造业产能共享的全面开展奠定基础，大力加强工业互联网等相关的基础设施建设，进一步提升企业信息化、网络化水平；同时，平台企业需要根据不同行业和领域特点，积极进行模式创新。从政策动向看，国家将加大对相关平台的产业政策支持力度，通过开展试点示范项目等多种方式，大力推进大中小企业创新协同和产能共享。

CHAPTER 08
生活服务共享：百花齐放

在人们越来越多样化的需求和资本追逐共享经济热点的双重驱动下，围绕本地生活服务进行全渠道布局的业态和场景层出不穷，生活服务领域共享经济发展呈现出百花齐放的状态。但由于某些领域在短时间内就出现了企业倒闭和退出现象，引发了人们对于这些共享模式究竟是在创新还是在制造噱头的质疑。

未来共享经济还将向人们日常生活的各个领域渗透，市场潜力巨大；同时因其直接涉及人们的生命财产安全，对相关市场的监管会不断加强。

一、竞争白热化的外卖服务市场

近年来，我国餐饮外卖市场竞争不断走向“白热化”，竞争焦点从以补贴为主的价格战转向差异化服务。2017 年 8 月，饿了么合并百度外卖，外卖市场上由“三巨头”竞争变为饿了么和美团之间的两强之争。根据美团点评发布的上市后首份财报显示，2018 年上半年公司外卖收入为 160 亿元，同比增长 90.9%，外卖业务保持着稳定的增长趋势。在阿里巴巴公布的新一季财报中，饿了么在 2018 年第二季度营收为 26.12 亿元。

美团市场优势主要来自充足的资金、优质的流量入口和对三四线城市的聚焦。在资金方面，自 2016 年以来美团先后完成了由腾讯、红杉资本等机构领投的三轮融资，融资金额约为 73 亿美元；在流量方面，与腾讯达成合作后，美团获得了手机 QQ、微信等移动平台上的入口。在美团招股书中显示，QQ、腾讯等移动入口为美团外卖提供了约为 11%的交易额。2018 年 2 月，美团宣布在中国大陆所有省份实现覆盖，计划年内覆盖超过 1000 座城市，重点推动三四线城市的业务渗透。目前，美团在全国有 200 多个直营城市，远超饿了么 90 余个直营城市的数量，覆盖了大多数三四线城市。9 月 20 日，美团正式在香港交易所挂牌上市。据招股书披露，美团募投项目的 35%用于技术升级及提高研发能力，35%用于开发新服务及产品，这意味着美团用于技术升级和研发方面的投入占比将达 70%，公司将更加注重为本地生活服务提供更加精细化和智能化的运营方案，从技术上赋能商户。

饿了么自从 2016 年 4 月被阿里巴巴收购后，就深度融入了阿里的本地生活平台，开始在高端外卖餐饮服务上发力。2017 年 8 月，饿了么全资合并百度外卖，并实施“双品牌战略”，即百度外卖主打高端市场，保持原有品牌形象独立运营，饿了么则继续根植中低端市场。截至 2018 年 6 月 30 日，饿了么年度活跃用户 1.67 亿（不含口碑），人均订单量 19.8 次/年，注册商家 350 万，月度活跃骑手 66.6 万。10 月，阿里宣布将口碑与饿了么合并成立本地生活服务公司，聚焦外卖、到店两个场景共同服务商家。10 月 15 日，饿了么发布“饿了么星选”战略，正式启动包括创建高端餐饮外卖平台在内的战略升级，原百度外卖正式更名“饿了么星选”并发布 APP。饿了么针对高端外卖市场的需求和痛点，在包括产品和服务的外卖模式上进行了一系列品质升级。

二、孕育中的家政服务共享

2019 年两会期间，商务部部长钟山表示，家政服务和养老服务是明显的短板。大城市雇保姆难、雇保姆贵，同时我国农村还有很丰富的劳动力资源，但进城很难，一个核心问题就是供给和需求不匹配。共享经济的发展，使家庭服务供给侧的专、兼职服务员的“零星时段”有效整合，与需求侧无缝匹配，并及时透明获得服务质量反馈和追踪记录付费信息，从而有效促进家政服务业的转型发展。

近年来，阿里、百度、京东、58 同城和美团等互联网巨头企业也纷纷布局家政服务，行业扩张较快，并受到资本的青睐。诸如管家帮、助家生活、牛家帮和无忧保姆等家政平台在 B 轮或 C 轮融资中，均获得了千万元级别的融资金额。资本的推动有利于扩大家政行业扩张业务，有利于家政行业的规范化、持续性发展，并对家政行业格局产生深远影响。58 到家以居家场景为核心，以上门服务为切入点，采用“互联网+生活服务”的共享经济创新模式为用户提供保洁、保姆、月嫂和育儿嫂等全方位的一站式、标准化专业到家生活服务。目前，已有超过 150 万名经过筛选认证的劳动者入驻 58 到家家政平台，近 60 万名劳动者通过了家政的自有培训，2017 年已经帮助 28 万名劳动者增加近 70 亿元收入，2018 年为 50 万名劳动者增加 180 亿元的收入。

但总体来看，由于家政服务的特殊性和人们的消费习惯，共享经济在这个领域的渗透率还不高。

三、共享充电宝前景如何

随着智能手机等各种移动终端应用的普及，用户规模不断扩大。截至 2018 年年底，我国 4G 用户规模达 11.7 亿，占全国移动用户总数的 74.4%。2018 年 12 月份我国移动用户移动流量消费达 6.25GB/户/月，是上年同期的 2.3 倍。

通信网络的升级带动各种各样的移动互联网应用快速兴起，用户对移动设备充电需求加大，尤其是对手机耗电快或长时间户外工作的用户而言，充电宝成为必不可少的需求。在资本的扶持下，共享充电宝应运而生。共享充电宝通常由企业在一定地点投放，用户支付一定金额即可快速借到一台充电宝，使用完毕后定点归还。

2017 年共享充电宝兴起并迅速受到资本和创业者的追逐，但自 2017 年下半年以来，共享充电宝领域负面新闻不断，企业出现倒闭现象，放电科技、PP 充电和乐电相继停止运营，泡泡充电、小宝充电、河马充电和 Hi 电则爆发出负面新闻。有些企业仅存活了半年左右的时间，就由于资金链断裂、使用频率过低、难以持续等原因被市场淘汰。这一现象也引发了市场对共享充电宝商业模式的争议和质疑。

2018 年共享充电宝行业马太效应越来越明显，小玩家扎堆出局，大都是因为资金链断裂、盲目扩张和使用频次过低等。头部企业逐渐脱颖而出，市场竞争更加激烈。街电、来电、小电和怪兽充电等共享充电宝企业在用户规模、资金实力和订单量等方面的差距逐步拉大。

成立于 2015 年 11 月的街电，2017 年 3 月获得由 IDG 资本、欣旺达领投的 A 轮融资，5 月获得聚美优品 3 亿元的战略投资，并且与芝麻信用合作推出免押金借还充电宝，与我国的连锁酒店集团展开战略合作。2018 年 8 月，聚美优品发布的上半年财报显示，其投资并控股的街电业务持续增长，截至 2018 年 3 月，街电的用户数量已达到 6000 万，5 月起街电已连续 3 个月实现规模化盈利，峰值订单突破 180 万/天。

2016 年 11 月，来电共享充电宝免押金租借上线。2018 年 11 月初，来电科技在重庆、哈尔滨、合肥和南宁等 10 个城市上线了微信押金自动退款的功能。12 月 28 日，来电科技将体验此功能的用户扩大至包括北京在内的全国 100 多个城市。在技术研发方面，来电科技已申请专利 150 余项，其中 81 项已获得授权；其产品已经迭代至第六代，覆盖全国 302 个城市，注册用户 4400 万人。

小电科技在 2018 年上半年完成 B+轮融资，到 11 月产品在全国 320 个城市落地，用户量突破 8000 万。

怪兽充电的 B 轮融资吸引了顺为资本、小米科技等企业加入，在供应链上与小米充电宝的合作厂商紫米科技合作，因而被看作小米生态链布局上的一环。

总体来看，目前共享充电宝企业仍处于以设备获取更多用户的拓展期，场景争夺是市场竞争的重点。街电先后进军高铁站、飞机场、医院和商场等多种大型高频场景，通过与首旅如家、成都红旗连锁超市等开展合作，以进一步拓展涵盖生活中的更多场景。此外，少数企业开始尝试小程序电商等模式，以期实现流量变现和找到更多盈利渠道。

未来，随着最新的 5G 技术进入市场，对智能手机的电池能耗提出了更高的要求。华为轮值 CEO 徐直军曾公开表示，华为准备推出的 5G 芯片耗电量是 4G 的 2.5 倍。手机电量瓶颈无疑给共享充电宝行业带来了更大的机会。艾瑞咨询预测称，到 2020 年，共享充电宝市场规模将比 2017 年增长近 3 倍。共享充电宝领域面临的最大问题则是如何更好地匹配不同类型的场景需求，从单一场景向全场景服务拓展，并逐步形成有效的盈利模式。

四、不断强化的行业监管

从行业监管的角度看，近年来，围绕与百姓生活密切相关的餐饮外卖、家政服务等领域，相关部门一直在探索监管创新形式。

1. 餐饮外卖领域

在餐饮外卖领域，最大限度地消除网络食品安全风险隐患，保障“舌尖上的安全”，是政府监管的重点。2015 年 4 月，新的《中华人民共和国食品安全法》通过，将网络食品纳入监管范畴。2016 年 7 月 14 日，国家食品药品监督管理总局发布实施《网络食品安全违法行为查处办法》，规定了网络食品安全违法行为查处的管辖，完善了食品药品监管部门调查处理职权和网络食品安全抽样检验的程序，强化了第三方平台提供者和入网食品生产经营者的义务和责任。2017 年 11 月 6 日，国家食品药品监督管理总局发布《网络餐饮服务食品安全监督管理办法》，对网络订餐有更多新规定。其中，特别强调要求入网餐饮服务提供者应当具有实体经营门店，并依法取得食品经营许可证。同时，鼓励网络餐饮服务第三方平台提供者提供可降解的食品容器、餐具和包装材料。该办法于 2018 年 1 月 1 日起执行。

平台企业也从多个环节入手强化安全保障。国家食品药品监督管理总局以及各地方监管部门相继出台了针对网络食品交易平台的监管办法，主要的网络外卖平台也在通过各种方式强化自身对于餐饮商户食品卫生安全方面的监管工作，推动整个行业运营日益精细和规范。美团外卖公布了自己的食品安全制度和规范，引入后厨直播项目，并设立“首席食品安全官”；美团外卖还利用自身技术优势，推出“天网”“天眼”系统，严格审核入网经营商户档案，并与食药监部门实现数据互通，对入网餐饮商户进行全生命周期管理。2017 年年底，美团外卖率先在业内推出外卖包装封签，在全国 30 个城市免费投放 600 万张。2018 年 3 月，美团外卖进一步扩大试点范围，正式启动“安心计划”，展开“千万封签进百城行动”。除封签投放外，美团外卖还与北京、上海、广州、福州和银川等地监管部门一起为商家及骑手进行封签使用方法培训，共同推进“放心签”投放，携手政府、商家做好食品安全共治共享工作。全国已有 756 个连锁餐饮品牌共计 19472 家门店参与封签试点，美团外卖向商家免费发放的封签总数已累计达到 3100 万张。

政府和企业密切合作，大力加强信用体系建设和行业自律。国家食品药品监督管理总局积极推进建立跨部门的联合惩戒机制，强化联合信用惩戒，鼓励平台主体对违法活动的自然人进行信用惩戒，让他们一时违法终生受阻，从而心有所畏。国家食品药品监督管理总局还将借鉴各地做法，完善有奖举报制度，加大宣传，调动公众参与网络食品安全的治理。国家食品药品监督管理总局还发起了与大型网络食品平台进行合作的倡议，已经有 6 家企业加入，双方将共享治理经验和数据，共同研究治理措施，让违法失信者无生意可做。

与此同时，这个领域的监管仍存在需要进一步解决的问题。

一是已有的关于网络化餐饮服务的安全管理法律法规体系具有滞后性和不完整性。2015 年新的《中华人民共和国食品安全法》提到了网络食品交易管理的问题，并明确了第三方平台的义务；2016 年 10 月 1 日起施行的《网络食品安全违法行为查处办法》中规定了第三方平台和入网经营者的义务和违反该法应当承担的法律责任，但多是事前和事后监督，对于商家的生产配送环节相关法律法规涉及甚少，也缺少对送餐人员、送餐容器等与配送环节相关的规范要求。

二是平台企业审核和责任落实有待进一步加强。新的《中华人民共和国食品安全法》第 62 条明确规定了网络订餐平台应当对入网食品经营者进行实名登记，对于依法应当取得许可证的商家，还应当审查其许可证。但实践中仍存在平台由于过度追求市场和用户的扩张而审核不严的情况。

此外，相关的法律法规和制度如何落实到位也是当前监管的难点，从实践层面看，平台企业也在积极落实监管部门的要求，但仍然存在一些操作层面的问题，比如，如何检验配送工具清洗消毒的效果等。

2. 家政服务领域

在家政服务行业监管方面，相关部门也在跟进新业态发展的基础上，研究制定适应新形势的家政服务规范性办法。国家发展和改革委员会和人力资源和社会保障部等 17 部门印发的《家政服务提质扩容行动方案（2017 年）》中提出，要建立家政服务企业、从业人员信用记录等，这对互联网家政新业态也有积极的参考意义。另外，网络平台也在积极作为，主动配合监管。安全是“互联网+家政”关注的重中之重，与其他一些短期服务不同，在家政服务中，雇主与家政人员存在长期生活的可能，雇主对安全性有着更高的标准，同时也更需要对家政从业人员素质、过往从业记录进行考察。一些互联网家政平台已与公安、卫生等部门合作，引入互联网征信系统，如 58 到家将上线人脸识别及阿姨定位系统，确保家政人员人证匹配并跟进服务质量。家政服务领域如何控制线下服务质量，如何实现线上服务流程的标准化和线下服务品质的标准化，都是直接关乎用户体验并影响整个行业发展的关键所在。

生活服务领域共享经济发展潜力巨大。共享经济将持续向人们生活的各个领域渗透，从已经发展较快的出行服务、住宿服务、餐饮服务和快递服务，到日常的便民缴费服务、养老服务、停车服务等，共享经济将深刻地改变着每个人的日常生活。当前生活服务领域的创新频出是企业积极参与市场的表现，有助于新业态的发展，但也存在一定程度的盲目跟风现象。从长远来看，要在激烈的竞争中立足于市场，需要通过模式创新和深化技术应用，不断为用户提供更多的价值和更好的体验。同时，由于大多数生活服务直接涉及人们的生命财产安全，随着新业态发展的逐步成熟，相关的监管会持续加强，更强调服务提供者的资质、基本的服务规范和应急管理等。

CHAPTER 09

共享式缴费：便民服务新模式

习近平总书记在谈及“保障和改善民生”问题时，曾引用“为政之道，以顺民心为本，以厚民生为本，以安而不扰民为本”。党和政府始终将最广大人民群众根本利益作为一切工作的出发点和落脚点，不断解决好人民群众最关心最直接最现实的利益问题，努力让人民群众过上更好生活。在全面推进“互联网+”的时代大背景下，如何充分运用信息化手段解决企业和群众反映强烈的办事难、办事慢和办事繁的问题，深化“就近办、马上办”便民服务工作改革，不断完善覆盖最广大人民群众的便民服务体系，打通服务人民群众“最后一公里”，是需要深入研究的重大课题。

日常生活缴费中存在的多跑腿、排长队、不透明和体验差等问题，一直是便民服务的痛点之一。伴随着人们生活水平的不断提高，生活服务内容越来越专业化、精细化，形式日益多样化，尤其是从过去的实物商品消费转向服务消费，缴费项目越来越多，缴费已经成为每个人日常生活中必不可少的高频活动。缴费服务的便捷化程度直接影响着人们的生活和工作效率，也在越来越大的程度上影响着人们对社会服务的评价和满意度。

共享经济的发展为便民缴费服务创新提供了新思路新模式。基于共享的开放式缴费模式带来的影响，不仅仅限于缴费服务，面向未来看，其影响的有可能是整个社会公共服务的模式和方式。

一、日常缴费之困扰

便民服务无小事。生活缴费表面上看是小事，却关乎着每个人每天的生活。从用户的角度看，缴费能否方便快捷地完成，直接影响着人们的生活满意度，甚至影响人们最基本的生活需要。同时，随着经济社会发展水平的不断提高，生活服务的内容日益丰富，形式更加多样化，从保障基本生活需求的服务（如水费、电费、燃气费等），到满足个人发展和对高品质生活需求的服务（如教育、培训、休闲娱乐等），人们的缴费需求正在显著增加，客观上对缴费服务的便利化提出了更高的要求。

缴费服务模式在不断创新。不同的缴费服务模式在服务提供主体、所采用的技术手段、缴费用户和收费单位的体验等方面都有明显不同。

1．缴费服务 1.0：到家到店模式

十几年前，公共事业的运营商不仅为人们提供水、电、燃气和通信等基本服务，同时也提供相应的收费服务，服务方式以“跑腿”为主，要么是运营商上门收费，要么是用户到运营商的营业厅或门店窗口缴费。在当时的环境下，公共事业单位更加注重基本服务的质量和安全，在收费服务方面投入资源较少，导致服务窗口和服务人员严重不足，排队等待现象司空见惯。

为提高收费效率和方便用户缴费，公共事业运营商开始与银行合作，由银行提供代收费服务。由于银行有着更为密集的线下服务网点，这种合作模式在一定程度上提高了居民缴费的便利性，但由于当时的银行网络尚未实现互联互通，也给居民缴费和银行服务带来了新的困扰。从用户角度看，用户使用代收费服务的前提是拥有代办银行的账户或银行卡，并且需要到相应银行的网点实地办理，用户跑腿的时间成本依然较高。从银行的角度看，代收费业务烦琐，对银行业绩的贡献相对较小，银行在窗口设置和服务人员方面投入不足，致使用户排队等待的时间成本较高。总体而言，“缴费五分钟、排队一小时”的问题仍然没有解决。

在经济发展水平较低、生活服务的内容与形式相对单一的阶段，到家到店模式基本能够满足人们的日常缴费需求。但因为缴费方或收费方总有一方要“跑腿”，时间成本高、服务效率低的问题在这一模式下难以得到有效解决。

2．缴费服务 2.0：分散终端模式

随着互联网兴起及其在各领域的应用不断深化，银行纷纷布局电

子渠道建设，电子银行快速发展，电子渠道功能日益丰富，银行代收费业务逐步从线下网点窗口办理，转向网上银行、自动柜员机和手机银行等自助终端。与此同时，一些基础设施运营商，如电力公司、移动通信公司等也纷纷开发具有缴费功能的服务终端。此外，还有一些第三方支付平台，如支付宝、微信、财付通、快钱及拉卡拉等，也提供代收费服务。上述各种缴费服务的系统和终端等各自独立、自成系统，形成了分散终端模式。

分散终端模式是伴随着电子银行和移动应用终端的发展而出现的。相对于 1.0 模式，这种模式实现了缴费业务的线上化和移动化，既极大地减轻了门店服务人员的工作压力，也极大地降低甚至消除了缴费用户的跑腿和等待成本。但是，这种模式也存在着一些显而易见的问题：一是与线下银行网点的情况相似，多数电子银行和自助柜员机只支持本行的银行卡缴费；二是由于代收费机构提供的服务项目种类有限，用户只有下载多个不同的应用 App，才能满足所有生活缴费的需要；三是对收费机构而言，则需要单独开发收费系统和终端，并配备专业运维人员，造成重复投资建设和浪费。

总体来看，传统缴费服务模式下，人们的缴费活动受到诸如服务网点、营业时间和服务项目等多种因素影响，多跑腿、排长队、用户体验差和满意度低几乎是常态。

调查显示，排队等候、缺乏统一的缴费平台是消费者普遍提及的缴费痛点。有 48.7%的消费者认为排队等候太长，43.5%的消费者认为当前网络缴费无法覆盖所有缴费项目，40.2%的消费者认为“缺乏统一账户完成所有生活缴费”，还有 31.7%的消费者认为“没有缴费查询与提醒功能，不够智能”，如图 9-1 所示。大约 75%的消费者希望通过一站式综合性缴费平台完成所有种类的缴费。之所以存在“缴费难、缴费慢、缴费繁”的问题，一是多样化的缴费终端之间相互分立，自成系统，开放共享程度较低；二是现实中许多缴费渠道存在不同形式的垄断，限制了缴费服务的开放和整合。

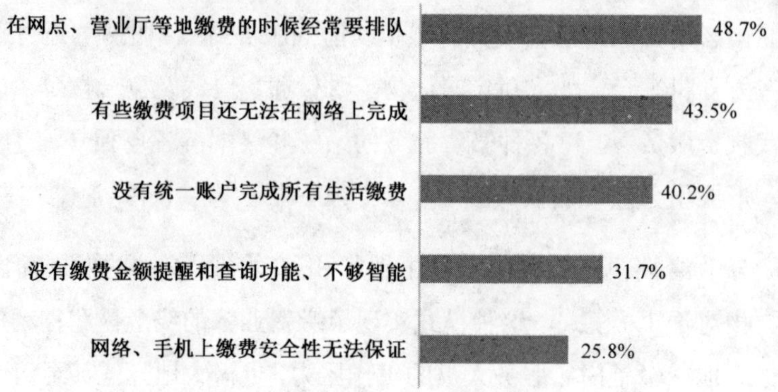

图 9-1　人们日常生活缴费面临的主要困扰统计

二、缴费服务市场的垄断

根据《中华人民共和国反垄断法》的规定，垄断行为是指排除、限制竞争以及可能排除、限制竞争的行为。就缴费服务而言，垄断主要是指以行政和市场支配地位来排除、限制缴费服务竞争的现象，一般而言，可分为行政性垄断、自然垄断和排他性协议三种类型。

行政性垄断是指政府各管理部门以及具有政府管理职能的行政性事业单位和公司，凭借手中的行政权力指定单一或少数银行作为代收机构，大大限制了收费服务中的市场竞争。在医疗、教育、社会保障和交通管理等公共服务领域，行政性垄断现象比较突出。比如，在许多城市，交管部门大多指定某一家银行作为交通违章罚款的唯一代收机构，给公众造成极大不便，也引发了广泛的争议。另外，像“一老一小”社会保险费的缴纳被有关部门限定在一家或少数几家代收机构。

专栏

交通违章罚款管理中的排除竞争行为

某市交管部门，未经公开竞争性程序，规定线下缴纳违章罚款只能通过指定银行办理，这意味着驾驶员必须办理该指定银行的银行卡后，才能缴纳罚款。2015 年以后，尽管此市按照公安部的要求，不再强制指定单一银行，但这一改变并未对社会广泛公示和宣传，导致很大部分驾驶员仍然使用旧有方式。上述做法一直争议不断，并在网上引发热议，网友普遍认为这种行为必然带来服务质量的下降和对消费者利益的损害，是利用行政权力排除和限制了其他银行参与收费服务的垄断行为。

2018 年 6 月，国家市场监督管理总局根据公众的强烈要求，对该市交管局的行为进行了调查，认定该市交管局指定单一银行作为唯一代收银行的做法，排除、限制了其他具有合格资质和服务能力的银行参与代收业务竞争，并提出以下 3 项整改措施：

一是加强社会宣传引导。一方面，通过多种渠道告知群众，不再强制驾驶员使用单一银行卡。另一方面，持续加大宣传力度，提示驾驶员合理选择缴纳方式。

二是加快终端升级改造。积极推进对现有多媒体自助终端机进行升级改造，力争实现支持其他银行卡办理罚款缴纳业务。

三是积极拓展代收银行。对有意开展本市交通违章罚款代收业务的银行，将在系统建设和改造工作中给予大力支持和配合。

交通罚款缴纳指定单一代收银行的行为在全国其他城市也存在并备受争议，自从国家市场监督管理总局对该市提出整改措施以后，其他一些城市交管部门也做出了积极调整。

自然垄断是指由于存在着资源稀缺性和规模经济效益、范围经济效益，使提供单一产品和服务的企业或联合起来提供多种产品和服务的企业形成垄断行为。自然垄断在公共基础设施或自然资源行业往往最为常见，这一垄断现象也会延伸到垄断企业的收费领域，其表现主要是收费渠道单一或代收机构有限等情况。

以燃气收费为例，用户在燃气供应商的选择上没有选择权，只能被动选择所在区域的供应商。体现在缴费环节上，用户也只能按照供应商指定的缴费方式付费。目前，燃气用户分为查表用户和卡表用户，其中卡表用户又分为 IC 卡用户和 CPU 卡[①]用户。以某市为例，查表用户可以在银行网点、自助终端机，或通过微信、支付宝等渠道完成缴费，但对卡表用户而言，采取预付费缴费形式，用户只能到少数几家银行的网点或自助终端机缴费。

目前，由于行政性垄断、自然垄断等现象的逐渐减少，以及收费服务竞争性水平的不断提高，限定在 1～2 家银行作为代收机构的收费项目数量越来越少了。更为常见的垄断性现象是，一些教育、医疗和物业服务等收费单位利用其对用户的市场支配力量，通过与单一或少数有限的代收机构签订排他性协议，致使用户只能到指定的代收网

① CPU 卡不仅可以作为计算机的微处理器，还可以适用于金融、保险等领域，是一种比普通 IC 卡性能和安全性更高的智能卡。

点或自助终端缴费，造成缴费的不便。

公平竞争是市场经济的基本原则，是市场机制高效运行的重要基础。上述各种垄断性行为明显违反了反垄断和反不正当竞争行为的有关法规，排除、限制了具有合格资质和服务能力的其他机构参与市场竞争，为百姓的日常生活缴费带来了不便和困扰。

三、基于共享的开放式服务

随着经济社会的发展，社会服务更加专业化、精细化和多样化，服务内容日益丰富，生活缴费的类型和市场规模持续扩大，人们对更方便快捷的缴费服务提出了更强烈的需求。与此同时，支付技术尤其是移动支付技术的快速发展以及金融 IC 卡的普及，可供人们选择的支付渠道更加多样化，网络支付、移动支付、扫码支付和近场支付（NFC）等多种新型支付方式不断出现，各类便民缴费服务产品不断创新。为了解决分散终端模式下的诸多痛点，实践过程中人们开始探索一种新的基于共享的开放式缴费模式。

与前述的缴费服务 1.0 模式和 2.0 模式有显著不同的是：缴费服务 3.0 是一种基于共享的开放式服务模式。开放共享模式借助于云计算、大数据等技术，可以低成本地将多种缴费资源、缴费渠道和用户进行整合。从用户的角度看，可以在不受时空限制和终端限制的条件下，通过移动终端方便地完成缴费。从收费方来看，通过共享专业化的收费系统和服务，节省了开发建设自有系统的大量投入。从实践中看，基于云平台的开放式缴费，在降低整体服务成本、保障缴费安全和可靠性、为用户提供更加便捷高效缴费服务的同时，也成为互联网金融业务更快发展的重要推动力。

纵观缴费服务发展历程和服务模式的演变可以看出（见表 9-1），随着信息技术快速发展和人们的生活日益丰富多彩，缴费服务模式也在不断升级，缴费服务的方式越来越便捷、效率越来越高、成本越来越低。

表 9-1　缴费服务的主要模式

模式	主要特征	缴费用户体验	收费单位体验
到家到店模式	➢ 上门收费 ➢ 服务运营商的窗口式服务 ➢ 银行等代办机构的窗口式服务	➢ 排队和跑腿成本高 ➢ 需要持有特定银行的银行卡 ➢ 受网点数量和服务时间限制 ➢ 受窗口服务人员的影响 ➢ 现金支付	➢ 需要配置专门的上门服务人员 ➢ 配置专门的柜台服务人员 ➢ 开发代收费系统
分散终端模式	➢ 银行的多样化终端服务（网上银行、自动柜员机、手机银行） ➢ 服务运营商自行开发的应用终端	➢ 自助式服务渠道更多 ➢ 时空限制更小 ➢ 受银行账户限制 ➢ 需要安装多种应用App	➢ 开发代收费系统或终端 ➢ 硬件和软件系统的重复投资建设和浪费 ➢ 配置专业运维人员
开放共享模式	➢ 收费单位、缴费渠道、缴费用户三方资源的整合与共享	➢ 超越时空限制 ➢ 不受银行卡限制 ➢ 一个终端入口 ➢ 更多的增值服务	➢ 共享缴费渠道 ➢ 共享结算服务 ➢ 精准的客户数据管理 ➢ 服务效率更高 ➢ 避免重复投资和浪费

基于共享的开放式缴费模式的核心在于构建一个开放共享的缴费生态系统，在这个生态系统中，原本高度分散的收费方、缴费用户和缴费渠道，通过云平台得到有效整合，为三方之间提供高效精准的连接和服务。

开放式缴费系统作为一个多边共享平台，不仅可以整合水、电、燃气、有线电视、宽带、供暖和通信费等传统收费业务，也可以整合加油卡、ETC、交通罚没、教育培训、物业和票务等各类新兴的收费业务，还可以整合政府非税缴费业务。同时，平台也整合了各类合作伙伴，包括金融机构、支付公司、电商平台、微信、支付宝和财付通等第三方缴费渠道。此外平台还连接了广大的缴费用户，为百姓提供全面、优质的生活缴费服务，同时帮助合作伙伴引入客流并增强用户黏性，如图 9-2 所示。

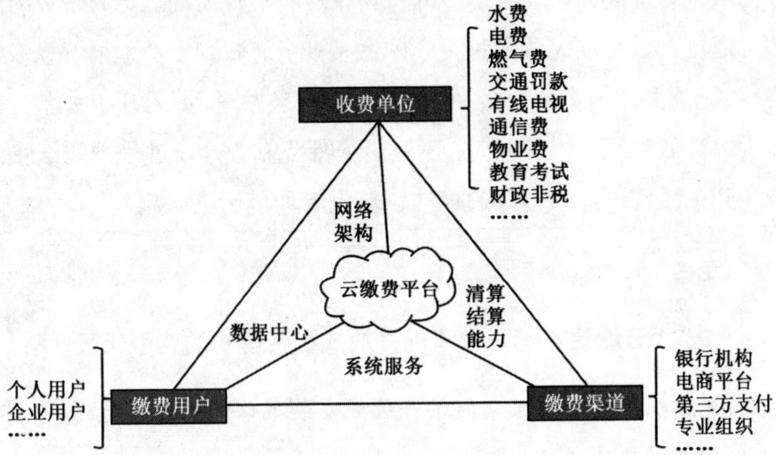

图 9-2　开放式缴费服务模式

从参与主体来看，开放式缴费服务模式的参与主体主要包括以下几类：一是平台自身，提供缴费服务信息系统及其清算结算能力。二是收费方，如自来水公司、电力公司、燃气公司、供暖公司、有线电视和物业公司等。三是缴费用户，包括家庭用户、个人用户和商户等。四是渠道类合作伙伴，包括微信、支付宝等各类大型支付平台、电商平台和金融机构等。

总体来看，开放式缴费以开放金融服务平台为技术依托，通过资源整合与跨界合作，解决了分散终端模式下的诸多痛点，将服务延伸至全社会、全网用户。在这个共享平台上，任何一方用户的增加，都会带来另外两方用户的增加，具有典型的网络外部性效应。

在开放式缴费模式下，缴费用户可以不受时空和金融账户限制，只需通过一个入口即可获得所需要的全部缴费服务。收费方无须额外的硬件和软件系统投入，即可共享平台上的缴费渠道、结算服务和精准的数据管理能力。只要是手机和互联网能够覆盖的地方，缴费用户即可通过一个终端完成各种复杂的缴费业务，做到了“无须下载多个终端，无须关注多个公众号，不费纸张单据来办理，不用开车去缴费”，在大幅降低时间成本的同时，还避免了缴费业务办理过程中的纸张浪费和开车缴费过程中带来的耗油、耗电等环境污染问题。

专栏

光大云缴费：基于共享的开放式缴费模式的典型代表

光大银行是较早探索提供开放式发展策略的商业银行之一，光大银行云缴费是开放共享缴费模式的范例，也是共享经济模式在便民缴费服务中的典型应用。

1. 发展历程

2008 年 10 月，光大银行启动网络缴费项目，从与百姓生活密不可分的缴费业务为起点开始精耕细作；2009 年 3 月，第一家线上合作伙伴支付宝上线；2010 年 3 月，在网络缴费平台集中全行 33 家分行 200 余项业务；2011 年 7 月第一家线下 POS 合作伙伴拉卡拉上线，9 月第一家同业合作伙伴东亚银行上线；2012 年首次尝试跨界合作，淘宝营业厅试运行获得普遍认可；2013 年成功搭建了金融服务开放平台；2014 年正式推出“云缴费”品牌，标志着光大银行互联网开放金融战略正式确定；2015 年，云缴费为满足客户在移动生活端便捷缴费的需求，开始与微信展开合作，共同深耕生活缴费领域。2018 年伊始，光大云缴费又与多年生活缴费合作伙伴——

支付宝就在线物业缴费项目达成合作，双方通过共建“万家物业缴费平台”，以小区为核心，以物业服务为载体，全面整合零散商户及日常生活服务。同时，云缴费深耕行业市场，打造“非税云”“党务云”“水务云”“物业云”“教育云”“交通云”和“医疗云”子平台，为合作伙伴提供企业运营系统、缴费系统和金融服务等，满足行业深度需求。

2. 模式和应用成效

光大银行云缴费平台，一方面连接收费单位，整合水、电、燃气、固话和手机等费用的代收代缴业务，集中至云缴费平台；另一方面整合缴费渠道，将缴费项目输出至本行的网上银行、手机银行和微信银行等自有渠道，同时也输出给其他银行、支付公司和电商平台等外部渠道；从而将缴费项目、缴费渠道和银行系统整合为一个开放共享的缴费生态系统，以降低缴费门槛，节约相关参与方的时间成本、财务成本，促进资源优化配置和提升整体经济效益。

截至 2018 年 8 月，光大云缴费平台用户近 1.9 亿户，1～8 月交易额超过 1000 亿元，同比增幅超 150%，平均每天交易额达 5 亿元，每分钟实现居民交易 2800 余笔，我国各类水、电、燃气、手机充值和交通罚款等缴费项目已超过 3000 项，微信、支付宝等各类大型支付、电商和银行同业等缴费合作伙伴超过 300 余家，覆盖全国 300 余个主要城市，服务近 10 亿人群，成功构建了便民服务普惠金融大格局。预计未来三年，光大云缴费平台交易额年均增速超过 100%，2020 年交易额有望达 1 万亿元，实现快速发展。

开放式缴费服务还可以显著降低整个社会的服务成本。共享经济时代，使用比拥有更重要，对于缴费服务而言，更是如此。在缴费服务 2.0 阶段，多样化缴费终端各自分立，从整个社会层面看，这意味着大量的重复建设和投入，造成不必要的浪费。开放式缴费平台的出现，意味着不同的收费机构可以共享共用一个平台和服务，从而节省大量的人力、物力和财力投入。根据行业调研发现，在传统缴费模式下，接入一个缴费项目，其投入大致包括市场拓展、系统开发、网络建设和硬件设备等（见图 9-3），总成本超过 30 万元。以光大银行云缴费平台为例，云缴费的合作机构超过 300 余家，平均每家合作单位接入项目约 100 项，据此推算，仅光大银行云缴费这一个开放式平台，可以为社会节约投入超过 90 亿元。如果全社会缴费项目均采用开放共享模式，将节约社会投入上千亿元。

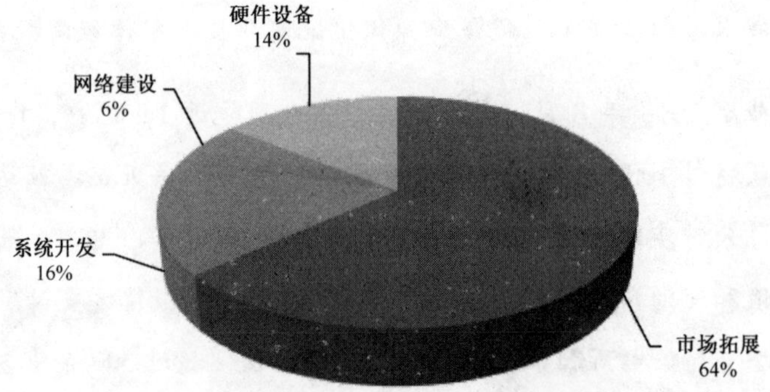

图 9-3　一项传统缴费项目的建设成本构成

四、缴费服务创新与银行业转型

随着供给侧结构性改革的进一步深化、新一轮产业革命加速成长，金融业除了要面对宏观经济形势与政策变化带来的压力外，还要面对金融与科技深度融合带来的各种变化与挑战。为了应对上述挑战，金融业迫切需要转型发展。

银行业是金融业转型发展的重中之重，面临着前所未有的挑战，一方面，随着互联网与金融业的融合程度不断加深，大数据、云计算等新兴技术与银行业务深度融合，P2P 借贷、网络众筹等新的互联网金融业态不断涌现，各类新兴市场竞争主体持续进入金融服务领域，对金融环境与交易模式产生了前所未有的影响。另一方面，随着共享经济时代的来临，“去中介化”成为不可逆转的趋势，商业银行依靠信用中介职能，“躺着赚钱的日子”已经一去不复返，同质性整齐划一的经营模式面临巨大挑战，银行业转型升级的压力巨大。但换个角度看，挑战也意味着机遇。随着互联网技术与金融业的融合，商业银行也迎来了转型发展的良好机遇。

从实践层面看，经过多年探索，开放式缴费服务对推动银行业转型发展的作用日益凸显。

首先，开放式缴费服务契合了开放金融的发展逻辑，符合金融业改革的趋势，本身就是银行新的业务板块和增长点。以光大银行云缴费为例，2012 年平台交易额为 43 亿元，到 2018 年已经增长到 2063 亿元，年均增速超过 90%（见图 9-4），银行对公沉淀资金日均超过

200 亿元。开放式缴费业务已经成为光大银行亮眼的一个业务板块。

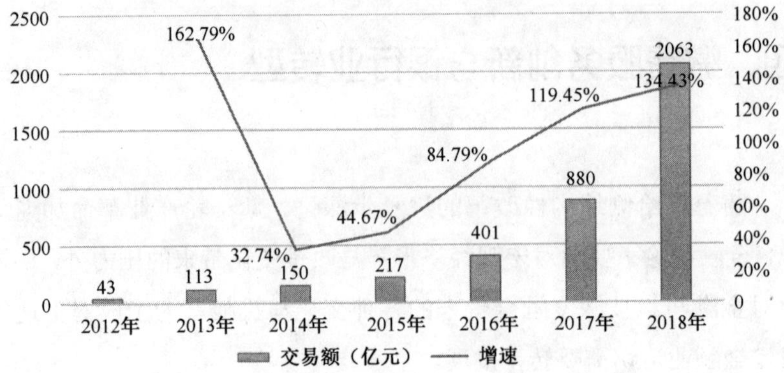

图 9-4 2012—2018 年光大银行云缴费业务发展情况统计

其次，开放式缴费平台还是一个可以为银行带来可观流量的新入口。就对公业务而言，缴费平台正在成为引入企业用户的重要途径；就个人业务而言，因为大多数缴费项目都有一定的周期性，用户会定期登录缴费 APP 或通过不同的缴费渠道完成缴费，无形中提高了用户黏性与活跃度。根据对支付宝用户的调查，一个人平均每年有 6～8 次生活缴费行为，是整个支付宝金融服务项目中使用频次最高的一项，也就是用户黏性最高的服务项目。此外，基于缴费业务还可以衍生出更多的金融服务，有助于银行体系内的理财、贷款、信用卡和保险等金融产品和服务的输出与共享，并获得相应的经济回报与品牌价值。平台上积累的交易数据还可以作为银行征信的数据基础，帮助广大的缴费用户享受到更丰富的金融服务。

最后，开放式缴费是银行践行普惠金融的重要体现。生活缴费业务是银行服务的重要方面，但相比于信贷、担保等其他金融服务而言，生活缴费业务投入大、接入难、业务细碎烦琐、商业回报率低，绝大多数金融机构缺乏参与的积极性。但对百姓而言，缴费服务是日常生活所必需的。因此，让更多的人享受到便捷低成本的缴费服务，是普惠金融的应有意义。

面向未来看，银行业务将进一步与大数据、物联网和区块链等新一代信息技术深度融合，推动银行业务向集约化、智能化和数字化转型。

五、释放金融科技赋能效应

金融科技（Fintech）是技术进步与应用带来的金融创新，它能创造新的业务模式、应用、流程或产品，从而对金融市场、金融机构或金融服务的提供方式造成重大影响。金融科技创新的着眼点是科技在金融领域的深入应用。开放式缴费服务是以现代信息技术为支撑的金融服务创新，是金融科技和共享金融领域的一种新兴业态。

开放式缴费平台整合了银行等金融机构的技术优势、产品优势、客户优势及渠道优势，除了可以为百姓提供更便捷、低成本缴费服务以外，还可以在提升中小型收费单位信息技术应用水平、提高客户服务能力及推动金融服务普惠化等方面，释放金融科技赋能效应。

一是提高收费单位的信息技术应用水平。缴费是一项烦琐的业务，涵盖种类多、覆盖地区广，涉及人口众多，缴费的便利性直接决定了用户体验。从实践中看，收费单位以中小微服务商为主，仅以水费为例，全国就有大大小小 3 万多家自来水公司，一些小型水务公司仅能覆盖几千家用户。重要的是，大多数中小型收费单位信息化水平低，缴费数据及账单尚未实现电子化登记，仍然采用手工记账方式，不仅费时费力，而且成本高、效率低，百姓的缴费体验极差。

在开放式缴费模式下，平台能够将银行等金融机构的技术优势嫁接给中小型收费单位。一方面，提供开放式缴费服务的金融机构具有强大的信息技术能力。金融行业经历了电子化、数字化和网络化的发展阶段，当前正在朝着智能化方向发展，移动互联网、大数据、云计算和人工智能等新一代信息技术的崛起，催生了“小额、批量、分散化”的网上交易和交付，以及网上金融产品设计等基于场景的金融服务，提升了银行等金融机构的信息技术运用和数据处理能力。长期的技术积累与沉淀，使金融机构形成了明显的技术优势，具备对外服务与技术输出的能力。另一方面，开放式缴费平台还为收费单位尤其是中小收费单位提供了一整套信息技术解决方案。以物业收费为例，大多数物业管理公司业务处理以手工为主，信息化水平低，接入开放式缴费平台后，除了可以获得便捷的收费服务外，还可获得平台提供的各种信息技术服务，如规范化的流程设计、电子化的财务会计管理、标准化的软件应用系统、人员的技术培训等，从而全方位地提升了中小型物业公司的信息能力，如图 9-5 所示。

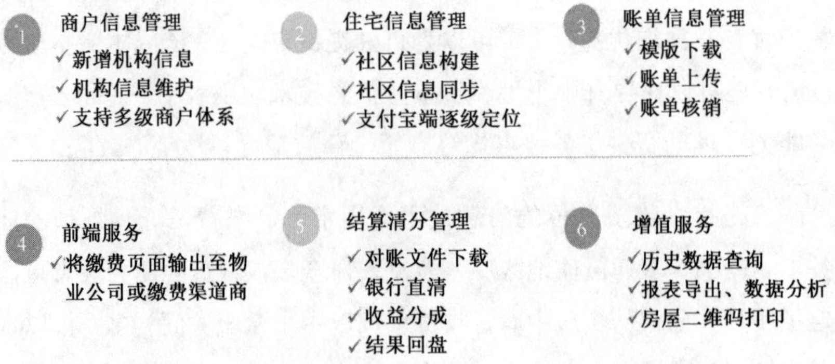

图 9-5　开放式缴费服务提升物业管理公司信息技术能力

二是有利于促进金融服务普惠化。除了普惠化的融资服务外，普惠金融的最终实现还离不开覆盖广泛、开放、具有包容性的电子账户等数字支付工具，以及丰富的金融增值服务。开放式缴费服务的普及极大地带动了电子账户的广泛应用。由于用户通过平台完成缴费必须要开通电子账户，因而随着网络支付在人们的日常生活中越来越重要，以及在线缴费模式向民生服务各领域的不断渗透，全社会电子账户的覆盖率也将不断提升，为金融服务普惠化奠定重要基础。开放式缴费作为金融科技的一部分，还具备输出金融产品和服务的有利条件和能力，从而为用户衍生出投资、理财、保险和支付等各种增值性金融服务。

三是提高收费单位的客户服务能力。当前我国金融服务的供需不平衡、区域配置不平衡问题依然突出，城乡金融资源呈现典型的二元分布，广大农村偏远地区、西部地区金融服务明显短缺。传统的金融服务往往更加注重大企业、大品牌，容易忽视中小微客户的需求，更谈不上良好的客户体验，而且传统金融服务依托的是成千上万家线下营业网点和大量的人力，服务覆盖范围仅限于本地化。作为金融服务之一，以往的缴费业务也存在同样的问题。在开放共享模式下，缴费平台将金融科技嫁接进来，不仅优化了业务流程，还能够帮助收费单位以在线的方式服务数量庞大、需求旺盛和特点鲜明的中小微用户，跨越了物理时空的限制。同时，开放式缴费也拓宽了收费单位的销售渠道，帮助收费单位以更低的成本批量开发客户，培养用户黏性，完善用户服务体系。

六、两大潜力市场

当前及未来一段时期，我国经济高质量发展稳步推进，技术创新应用持续深化，公共服务市场化程度不断增强，将推动社会服务走向专业化、精细化发展之路。作为社会公共服务的重要组成部分，开放式便民缴费服务市场潜力巨大。

根据有关机构的调查，2017 年我国生活缴费行业市场规模达到 5.79 万亿元，增长 9.3%，继续保持较高增长速度。其中，水、电、燃气等传统类型缴费市场规模达到 3.45 万亿元，较 2016 年增长 7.1%；教育、ETC、物业等新兴缴费项目市场规模约为 2.33 万亿元，较 2016 年增长 12.7%[①]。从缴费模式来看，到家到店模式的市场规模为 3.17 万亿元，较 2016 年增长 4.6%；线上化缴费规模已达 2.61 万亿元，较 2016 年增长 15.5%。在线上化缴费当中，2017 年开放共享缴费模式市场规模约 2500 亿元，占线上化缴费市场的 9.6%，占生活缴费市场的 4.3%。

随着互联网和移动支付的日益普及，未来三年开放共享缴费模式的市场规模有望保持年均 80%的增速，预计到 2020 年市场规模约为 15000 亿元，占线上化缴费市场规模的 37.5%，占整个生活缴费市场规模的 19.8%，如图 9-6 所示。

---

① 光大银行. 2018 年中国便民缴费产业白皮书. 金融时报，2018.

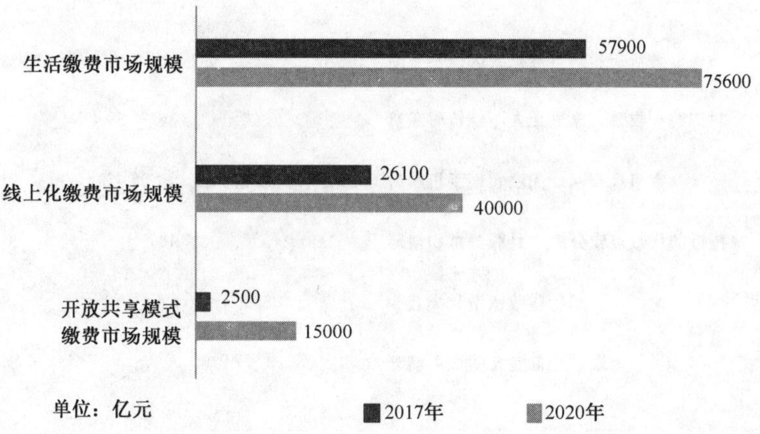

图 9-6　2017 年和 2020 年各类型缴费市场规模

注：2017 年数据来源于《2018 年中国便民缴费产业白皮书》，2020 年数据为预测数据。

在市场总量保持高速发展的同时，农村市场和政府非税收入业务缴费市场将成为未来三年新增长点。

从农村市场来看，农村居民缴费渠道依然单一，以线下营业网点缴费为主，线下缴费占比达 65.3%。但同时，农村地区缴费网点较少，平均 3～5 个村落才有一个缴费网点，覆盖率明显不足，成为困扰农村居民缴费的主要问题，如图 9-7 所示。随着互联网和智能手机在农村地区的应用日益普及，农村居民越来越习惯在消费过程中使用移动支付。数据显示，截至 2018 年 6 月底，我国农村网民规模达 2.11 亿，农村互联网普及率达到 36.5%，农村地区网民线下消费使用手机网上支付的比例达到 57%[①]（见图 9-8），在一年半的时间内提升了 25 个百分点。未来，随着农村居民移动支付习惯的形成，开放共享缴费模式在农村市场将迎来更大发展空间。

①中国网络信息中心 CNNIC. 第 42 次中国互联网络发展状况统计报告，2018，7.

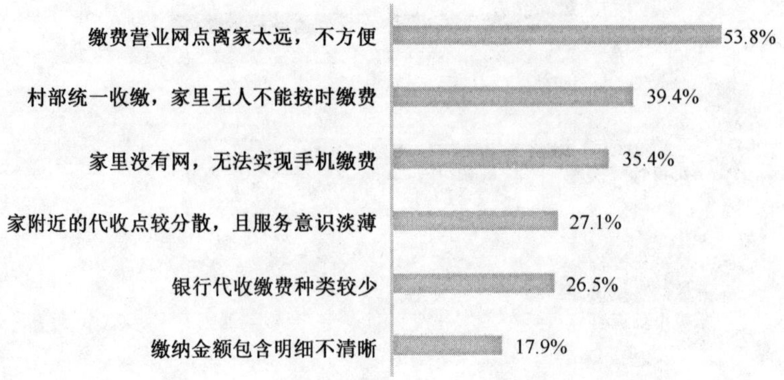

图 9-7　农村地区缴费面临的主要困扰[①]

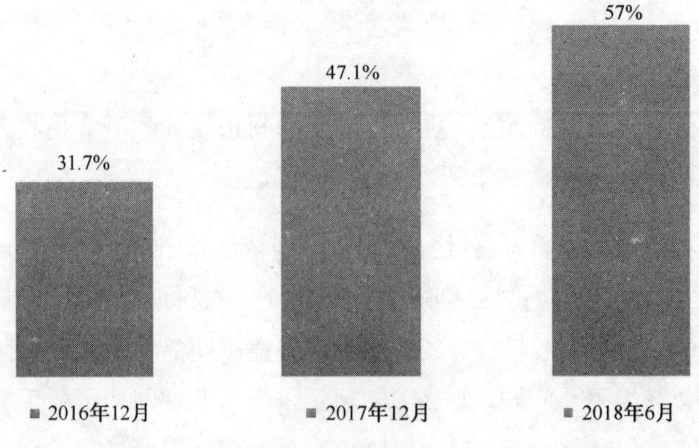

图 9-8　我国农村网民线下消费使用手机网上支付的比例

政府非税收入缴费业务市场潜力巨大。政府非税收入作为政府财政收入的重要组成部分，对规范政府收支行为，健全公共财政职能发挥着重要作用。2013 年至今，政府非税收入增长态势趋于平缓，2017 年政府非税收入达到 2.8 万亿元。目前，政府非税收入收缴工作仍较多

① 光大银行. 2018 年中国便民缴费产业白皮书. 金融时报，2018.

沿用传统线下银行营业网点柜台代收方式，线上缴费发展缓慢，占比较低，导致收费流程烦琐、对账管理不便、老百姓缴费不便利等问题。以面向居民征收的非税缴费为例（见表 9-2），出入境证件费、交通罚款、不动产登记费等线上化缴费人群占比仅在 30%左右，线下缴费尤其是现金交付仍占据主导地位，线上化率仍处于较低水平，而且线上缴费中更多的是分散终端模式，开放共享模式尚处于探索期。根据对居民缴费方式偏好的调查，最不喜欢线下网点及现金缴费的居民占 5 成，超过 7 成的居民更希望通过手机实现各项非税缴费①。

表 9-2　非税收入缴费不同方式占比情况

缴费方式	出入境证件费	交通罚款	不动产登记费
线上	36.1%	36.8%	35.3%
移动端	10.4%	6.5%	7.8%
PC	16.1%	25.7%	17.2%
电话	5.9%	2.7%	6.6%
短信	3.7%	1.9%	3.7%
线下	63.8%	63%	64.6%
物理网点非现金	18.8%	17.1%	18.1%
物理网点现金	29.3%	20.6%	30.6%
银行代收	6.3%	12.0%	9.3%
银行自助终端	7.1%	11.7%	4.9%
迷你便民终端	2.3%	1.6%	1.7%

注：数据来源于（2018）中国便民缴费产业白皮书。

近年来，中国人民银行、财政部等部委推出了一系列促进政府非税收入收缴电子化管理的政策，并在非税收入缴费渠道方面逐步引入公开竞争机制，这些政策的推行有利于非税财政收入的规范执收、监管监察，有利于信息透明、加强协作，有利于打破区域限制、方便缴款人缴款，为高效便捷地开放共享缴费模式的应用提供了契机。未来，随着非税收入缴费渠道的日益开放以及互联网技术应用的不断成熟，开放共享模式在政府非税收入缴费领域应用潜力巨大。

① 光大银行. 2018 年中国便民缴费产业白皮书. 金融时报，2018 年。

专栏

政府非税收入收缴相关政策与实践

政府非税收入是国家财政收入的一个重要组成部分，包括行政事业性收费收入、政府性基金收入、罚没收入、国有资源（资产）有偿使用收入、国有资本收益、彩票公益金收入、特许经营收入、中央银行收入、以政府名义接受的捐赠收入、主管部门集中收入、政府收入的利息收入和其他非税收入。

推进政府非税收入收缴电子化管理，是建立现代财政国库管理制度一项重要的基础性工作，是统一政府收入、加强财政资金管理的重要举措，也是多年来全口径财政预算收支管理改革的重要一步。

1. 政策环境

收缴电子化管理是指利用现代信息网络技术，以经过数字签名的合法的、有效的电子文件为依据，全流程在线办理政府非税收入收缴业务的一种管理方式。

近年来，中央政府出台了相关政策文件。

(1) 2015 年 4 月，中国人民银行、财政部发布《关于中央单位非税收入收缴电子化试点工作的通知》，提出按照“分类实施、有序推进”的原则，2015 年选择部分执收单位进行试点，在总结经验、优化完善系统的基础上，2016 年所有中央单位按照收缴改革确定方式收取的非税收入全部实施收缴电子化。

(2) 2016 年 3 月，财政部印发《政府非税收入管理办法》，在设立和征收管理、票据管理、资金管理和监督管理等方面做出了具体规定和要求。

(3) 2017 年 1 月，财政部印发《关于加快推进地方政府非税收入收缴电子化管理工作的通知》，要求地方各级财政部门建立全流程在线办理的电子化缴款新机制。分阶段工作目标如下：2017 年省级财政部门全面启动收缴电子化管理工作，2018 年地市级财政部门逐步开展收缴电子化管理工作，2020 年地方各级财政部门全面推行收缴电子化管理工作。

2. 业务实践

根据上述政策要求，各级地方政府高度重视并积极开展非税收入收缴电子化管理工作。与此同时，各大银行也积极配合各级政府，研发了政府非税收入收缴电子化业务系统，并开展相关业务培训。

以光大银行非税云缴费系统为例，该系统是开放共享模式在非税收入收缴业务领域的一个典型应用。该系统具备对接高效、账务准确、支付便捷和场景多样等特点，节省了大量系统升级成本。交款人可以自行选择缴款渠道，不影响原有的业务格局。在这个系统平台上，各级财政部门、各执行单位、交款人以及多样化缴款渠道实现了充分的整合共享，具有操作简单、渠道广、方式多、可跨行和安全性高等优势。

后 记

行文至此，意味着本书的内容即将画上句号。专注于共享经济新业态、新模式的研究已有五年多的时间，主题并不陌生，但本书的撰写过程似乎比过去更为艰难。

2018 年，对于我国共享经济的发展而言，是不平凡的一年，对于研究工作来说也是如此。新技术驱动下的模式创新步伐不断加快，业态创新层出不穷，相伴而来的还有新问题、新矛盾，无不考验着我们的学习能力和研究潜力。反复研读各类文献和资料，广泛查找各类数据和论据，深入一线进行调研和访谈，只为最大限度地反映隐藏在纷繁现象深处的本质，揭示引发问题的深层次原因，以试图探索破解之道。尽管如此，与鲜活生动的创新实践相比，总感到自己思想的粗陋肤浅与语言的贫乏无力。研究的过程也是不断认识自己的过程，让自己认清自己所欠缺的知识和能力，挖掘自己能够努力的方向和潜力。

在这一过程中，特别感谢李红升处长和高太山博士的鼎力相助。他们在框架设计、数据收集测算及观点提炼和打磨方面所付出的辛劳，都让我受益颇多，点点滴滴铭记在心。感谢胡沐华同志帮助整理相关素材和资料。

我们的研究工作还得到了国家信息中心案例研究基地企业的长期支持，它们是：小猪平台、运满满、众志好活、连尚网络等。此外，还有诸多企业以不同形式为我们的调研提供支持：滴滴出行、爱彼迎中国、美团点评、途家网、榛果民宿、摩拜、哈啰出行、大道用车、宝驾出行、搜易贷、猪八戒、优客工场、办伴科技、世鳌国际、星库空间、梦想加、58 集团、回家吃饭、街电、喜马拉雅、在行、快手、微医集团、春雨医生、好大夫在线、健康 160、易科学、人人实验、菜鸟网络、闪送、UU 跑腿、新达达、淘工厂、海尔海创汇、海享租、航天云网、中储智运、硬蛋科技、上海明匠、智能云科、生意帮、贸点点、中软国际、便利蜂、星星充电、猎聘网等，在此一并表示诚挚的谢意。

于凤霞

2019 年 4 月